1961: O GOLPE DERROTADO

Luzes e sombras do
Movimento da Legalidade

FLÁVIO TAVARES

1961: O GOLPE DERROTADO

Luzes e sombras do Movimento da Legalidade

4ª edição

L&PM
EDITORES

Texto de acordo com a nova ortografia.

1ª edição: dezembro de 2011
4ª edição: julho de 2021

Capa: Marco Cena
Fotos da capa: Multidão na frente do Palácio Piratini. Foto publicada no jornal *Última Hora*, em 28 de agosto de 1961, Acervo RBS/Zero Hora; Brizola ao microfone, com metralhadora ao lado, Acervo Pequi Filmes, São Paulo.
Revisão: Caren Capaverde

CIP-Brasil. Catalogação na Fonte
Sindicato Nacional dos Editores de Livros, RJ

T23m

Tavares, Flávio, 1934-
   1961: o golpe derrotado. Luzes e sombras do Movimento da Legalidade / Flávio Tavares. – Porto Alegre, RS: L&PM, 2021.
   240p. : 21 cm

   ISBN 978-85-254-2456-3

   1. Brasil - História - Crise de 1961. 2. Brasil - Política e governo - 1961-1964. I. Título. II. Título: Mil novecentos e sessenta e um: o golpe derrotado. Luzes e sombras do Movimento da Legalidade.

11-8231.   CDD: 981.062
                    CDU: 94(81) "1961"

© Flávio Tavares, 2011

Todos os direitos desta edição reservados a L&PM Editores
Rua Comendador Coruja, 314, loja 9 – Floresta – 90.220-180
Porto Alegre – RS – Brasil / Fone: 51.3225.5777

Pedidos & Depto. comercial: vendas@lpm.com.br
Fale conosco: info@lpm.com.br
www.lpm.com.br

Impresso no Brasil
Inverno de 2021

*Para Ana e Isabel,
para que entendam o
conturbado século XX.*

Este livro muito deve a Carlos M. Fehlberg e Carlos Bastos, pelo estímulo e pela relembrança de fatos e situações; a Patrícia Silveira, que amorosamente pesquisou jornais; a Letícia Coimbra, que localizou fotos, e a Dione Kuhn e Vivian Eichler, que descobriram e fotocopiaram o bilhete aqui estampado em fac-símile. E a Ivan Pinheiro Machado e Paulo Lima, que decidiram publicá-lo antes de ler os originais.

Sumário

Prefácio 9
Capítulo I – A janela oval 11
Capítulo II – Jornal sem Gre-Nal 27
Capítulo III – A batina e a farda 43
Capítulo IV – O combate no ar 53
Capítulo V – Da ilha aos tanques 67
Capítulo VI – O adeus de Brizola 77
Capítulo VII – O general no Palácio 85
Capítulo VIII – O dilema do III Exército 97
Capítulo IX – A grande batalha 107
Capítulo X – As bombas da guerra 119
Capítulo XI – Chamas em terra e mar 129
Capítulo XII – Rumo a São Paulo 141
Capítulo XIII – O veto escrito 151
Capítulo XIV – A volta por Paris 157
Capítulo XV – A jangada nas ondas 169
Capítulo XVI – As faixas queimadas 177
Capítulo XVII – A revoada a Brasília 189
Capítulo XVIII – Jânio: A esfinge revelada 203
Capítulo XIX – Brizola: O espelho refletido 213
Capítulo XX – Jango: A paranoia orquestrada 223

Governador,

Às 18,45 hs., pela onda de 11.765 metros, um nosso informante (que até aqui, segundo sabemos, nos tem merecido tôda a confiança) captou uma comunicação entre os generais Geisel (em Brasília) e Maurici (no III Exército), e na qual o chefe da Casa Militar de Brasília, sugeria a sua prisão, pura e simples, sob o pretexto de "normalização da ordem pública". O fato estaria relacionado com as suas proclamações pelo rádio e a suposta ordem de prisão seria - a nosso ver- caso V.Excia. persista com as proclamações radiofônicas.

Neu e Miranda autorizaram-me a transmitir-lhe a notícia, com as devidas reservas, porém, sôbre a sua definitiva autenticidade. E é o que estou fazendo

Cordialmente

Flávio Tavares

27.8.61 - 19,40 hs.

Fac-símile do documento original, arquivado no Museu Histórico do Rio Grande do Sul, pasta do Acervo Dr. Francisco Brochado da Rocha, 1961.

Prefácio

Este livro é uma crônica testemunhal de treze dias inesperados que mudaram a política e a vida do Brasil e dos brasileiros e influíram até na conjuntura mundial. Aqui está o que vivi, vi, observei ou entendi da última insurreição de massas no Brasil do século XX, num tempo em que a política era, ainda, um confronto de ideias e atitudes, não mera exibição publicitária de propaganda, como hoje.

A Guerra Fria dividia o planeta naquele agosto de 1961, quando os ministros militares responderam à inesperada renúncia de Jânio Quadros à presidência da República com um golpe de Estado "para impedir" que o governo caísse "nas mãos ameaçadoras do comunismo". A audácia de Leonel Brizola desnudou a fantasia tola e perigosa, paralisou o golpe e acabou por derrotá-lo.

"Não vão dar um golpe pelo telefone", dizia o jovem governador gaúcho, ao utilizar o rádio para mobilizar a população. O telefone era para os conluios secretos e as conspirações. O rádio era aberto e reunia, fazia pensar. Os aparelhos portáteis, à pilha, tinham acabado de aparecer, e a Cadeia da Legalidade penetrou no cotidiano das pessoas, espalhando ideias, criando o debate. A voz tornou-se arma.

Os treze dias, que vão da renúncia de Jânio à posse de Jango Goulart, foram longos, com tantas peripécias, imprevistos e surpresas, que neles se resume a História da última metade do século XX.

Aqui estão aqueles dias aflitos, que acompanhei como repórter e editor político da antiga *Última Hora*. Não fui uma testemunha inerte, porém. Eram tempos de sonhos e utopias (por que não?) e todos nos transformamos em participantes. Naturalmente. O golpe era o delito e ficamos contra o delito. A política e a ética marcavam nossas vidas, ou nossas rebeldias, e, assim, a mobilização enfrentou o poder armado e derrotou o golpe de Estado.

Ou, como escrevi na "nota aos leitores" do jornal, em 29 de agosto de 1961, após a integração do III Exército ao Movimento da Legalidade: "Desde o primeiro momento, sem vacilações, sem medo diante dos fatos, saímos em defesa da Legalidade, enfrentando todos os riscos. Quando as ameaças rondavam a imprensa livre, não nos afastamos um milímetro dessa linha, decididos a informar corretamente, repelindo qualquer censura, para que o povo, a par dos fatos, livremente tomasse uma decisão".

Bastava conhecer a realidade para participar da rebelião. E assim ocorreu, como adiante vou contar.

Capítulo I

A JANELA OVAL

– 1 –

Tenso, olhei para o alto e não vi o céu ou o azul das nuvens, nem me interessei pelo sol. Nada disso me importava naquela tarde fria do inverno de agosto de 1961, em que sentíamos calor a cada passo e em cada gesto. Porto Alegre e todo o sul do Brasil tinham ainda temperaturas baixas, e o nevoeiro úmido, às vezes, só se dissipava a partir do meio-dia. Todos vestíamos roupas de lã e, sob o vento gelado, ao abrir a boca exalávamos vapor, lançando um bafo brincalhão sobre as vidraças. E cada vidraça transformava-se em tela de pintura na qual, com o dedo, os tímidos escreviam o próprio nome e os mais atrevidos desenhavam um coração com o nome da amada. Talvez por isso, naquele tempo e naqueles invernos, as janelas exerciam sobre nós um fascínio ingênuo, tão secreto quanto inexplicável.

Olhei para o alto e nada vi. Ou vi apenas o vitral da janela em forma de elipse, no alto da parede do Palácio Piratini. Ali fixei a mirada e, como se aquele calor interno instalado dentro de mim me guiasse em pleno frio, gritei incisivo e forte:

– Um martelo e uma escada comprida, que chegue ao teto! Mas rápido!

O soldado da Brigada Militar do Rio Grande do Sul assentiu com a cabeça, em silêncio, e saiu em correria rumo ao pátio do Palácio, levantando um dos braços ao ar para o fuzil não esbarrar em ninguém.

Pronunciei a frase num tom direto e duro, como uma ordem, não por ter condições de dar ordens ou por ostentar algum posto militar ou civil com autoridade de mando. Eu era tão só um jornalista. Simplesmente, soltei a frase vencido pelo cansaço e guiado por uma espécie de torpor onírico que dava às palavras um ímpeto cru, como aqueles bêbados que esbravejam no auge do porre, mas são suaves e quietos na realidade do dia a dia, quando sóbrios. E o soldado obedeceu, talvez porque fosse treinado para cumprir ordens ou porque estivesse exausto também, sem ânimo para raciocinar.

Era o início da tarde de domingo, 27 de agosto de 1961. Na sexta-feira, 25 de agosto, em Brasília, Jânio Quadros havia renunciado à Presidência da República, num gesto tão inesperado e intempestivo que, há dois dias, nos provocava uma insônia de atemorizada e constante vigília. Eu havia dormido apenas três horas na madrugada de sexta-feira para sábado e, de pé já às 7h da manhã, desde então nem sequer cochilara nas cadeiras duras ou nos sofás fofos do Palácio, onde passamos a noite ao telefone ou batendo no teclado da máquina de escrever. Aos 27 anos pode-se fazer isso, sem sacrifício e sem contar as horas! Desde o sábado eu tinha me instalado no berço das notícias – o Palácio do governo gaúcho –, ali onde as situações novas podiam nascer a partir do que lá se sabia do que ocorria em Brasília, no Rio, São Paulo e no resto do Brasil. A situação era grave. Afinal, por que Jânio Quadros renunciara, se nem sequer completara sete meses no poder que exercia de forma quase imperial?

No dia 28 de agosto, segunda-feira, ele iria instalar a Presidência da República na capital do Rio Grande do Sul, naquela ideia de governo-itinerante, que começara em Recife, meses antes. Tudo estava preparado para recebê-lo com o Ministério inteiro. Durante três dias, o gabinete presidencial funcionaria nas salas do comando do III Exército, na Rua dos Andradas, aquela que todos chamam pelo nome antigo de Rua da Praia, mesmo que agora não exista praia alguma nem a lembrança de quando o rio chegava até ali. Tudo estava preparado para receber a cúpula que comandava o Brasil. Nos municípios distantes, os partidos

A JANELA OVAL

conservadores (que apoiavam Jânio) armavam comitivas rumo à capital, onde também estariam os generais das guarnições espalhadas pelo interior, para prestar continência ao presidente e seu ministro da Guerra. Por decisão do governador, os alunos das escolas primárias estaduais, com bandeirinhas do Brasil e do Rio Grande, receberiam o presidente ao longo do trajeto do aeroporto ao centro. Porto Alegre dispunha-se a retumbar como capital do Brasil por três dias.

Não foi isto, no entanto, que fez com que, nas horas seguintes à renúncia, o governador Leonel Brizola descesse do seu gabinete e, das janelas do piso térreo, num discurso para as trezentas pessoas do povo, que se aglomeravam com improvisadas faixas e cartazes defronte ao Palácio, fizesse um apelo ao renunciante Jânio:

– Venha, presidente, venha para a capital gaúcha e instale o governo da República, como previsto. Aqui, o governo estadual e o povo inteiro, civis e militares, garantem a continuidade do seu governo. Aqui não há pressões. Venha, presidente, no Rio Grande do Sul há garantias!

A carta-manifesto deixada por Jânio, sem destinatário, mas, de fato, dirigida ao povo, levava a concluir que ele abdicava do poder sob pressão. E, no caso do presidente da República, a pressão equivalia a um golpe de Estado.

> Fui vencido pela reação e, assim, deixo o governo. Nestes sete meses cumpri o meu dever. Tenho-o cumprido dia e noite, trabalhando infatigavelmente, sem prevenções nem rancores. Mas baldaram-se os meus esforços para conduzir esta nação, que pelo caminho de sua verdadeira emancipação política e econômica era o único que possibilitaria o progresso efetivo e a justiça social a que tem direito o seu generoso povo.
> Desejei um Brasil para os brasileiros, afrontando e denunciando a corrupção, a mentira e a covardia, que subordinam os interesses gerais às ambições de grupos dirigidos, inclusive, do exterior. Sinto-me, porém, esmagado. Forças terríveis se levantam contra mim e me infamam ou me intrigam até com a desculpa da colaboração.
> Se permanecesse, não manteria a consciência e a sereni-

dade indispensáveis ao exercício da nossa autoridade. Creio, mesmo, não manteria nem a própria paz pública.

Encerro, assim, com o pensamento voltado para a nossa gente, para os estudantes, para os operários, para a grande família do país, esta página da minha vida e da vida nacional. A mim não falta a coragem da renúncia.

Saio com um agradecimento e um apelo. Um agradecimento aos amigos que comigo lutaram e me sustentaram dentro e fora do governo, e de forma especial às Forças Armadas, cuja conduta exemplar em todos os instantes e oportunidades não canso de proclamar.

Apelo à paz, ao congraçamento, à estima de cada um dos meus patrícios, para todos, por tudo e para cada um. Somente assim seremos dignos deste país e do mundo. Seremos dignos de nossa herança e da predestinação cristã. Retorno agora ao meu trabalho de advogado e professor. Trabalhemos todos. Há muitas formas de servir à nossa pátria.

Em 25 de agosto de 1961

Jânio Quadros

– 2 –

Que "forças terríveis" o pressionavam? De onde partiriam as pressões?

Em parte, as palavras recordavam as da carta-testamento de Getúlio Vargas, escrita no bojo de uma crise política que o levou ao suicídio sete anos antes, em 1954. Ou, num plágio da História, buscavam criar a emoção desencadeada pela carta de Getúlio, copiando-lhe a ideia mestra. A frase inicial de Jânio – "fui vencido pela reação" – não parecia deixar dúvidas. Na semântica política, o termo *reação* se aplicava aos que reagiam às reivindicações de reforma social, bandeira das esquerdas. Ou seja, *reação* se aplicava à direita *reacionária* e americanófila, exatamente o setor que o havia elegido presidente. No governo, porém, Jânio passara a oscilar como um pêndulo, de um lado a outro. Na campanha eleitoral de 1960 para a Presidência, Brizola (que governava o Rio Grande desde 31 de janeiro de

1959) tinha apoiado o marechal Henrique Teixeira Lott, candidato da governista coligação PSD-PTB, com João Goulart na vice-presidência. Votava-se separadamente para cada uma das funções e Lott perdeu, mas Jango Goulart outra vez elegeu-se vice-presidente, tal qual ocorrera quatro anos antes, em 1956, então junto com Juscelino Kubitschek.[1]

Tão pronto assumiu o poder em Brasília a 31 de janeiro de 1961, o todo-poderoso Jânio tomou a iniciativa de aproximar-se de Brizola, já então visto pela direita conservadora como um *enfant terrible*: num dos primeiros atos como governador, havia estatizado os serviços e instalações da American Foreign and Power, o intocável polvo mundial de eletricidade, e isto o tornara um herói e um vilão, ao mesmo tempo. Um herói que, com visão de independência e soberania nacional, enfrentava o poder imperial da Nova Roma do século XX. Um vilão e aventureiro que desafiava o poder do Novo Império e rompia a ordem estabelecida.

No início de março, Jânio viajou ao Rio Grande do Sul para a inauguração da Festa da Uva, em Caxias do Sul, e ali, num gesto aparentemente frugal, selou publicamente a aproximação. No palanque oficial, de pé (enquanto viam o desfile dos carros alegóricos e "rainhas da festa"), quando Brizola pôs na boca um cigarro, Jânio inclinou-se sobre ele e lhe deu fogo. Ambos cigarros se tocaram, o de Jânio acendendo o de Brizola. Para fumantes inveterados como eles, aquele gesto equivalia a um beijo num pré-namoro de adolescentes. Apenas uma beijoca de fraterna amizade, mas que abria um canal de intimidade política entre dois homens em nada afeitos a admitir íntimos nem intimidades.

Quando, minutos depois, o presidente colocou um cigarro à boca, Brizola retribuiu o gesto e o acendeu, como se esperasse a oportunidade de mostrar que aceitava o namoro. Fotografada, a

---

1. O candidato de Jânio à vice-presidência, o jurista Milton Campos, da UDN de Minas Gerais, ficou em segundo lugar. Pensava-se que o terceiro aspirante a vice, o gaúcho Fernando Ferrari (que criara uma cisão no trabalhismo) retiraria votos de Jango, mas ocorreu o contrário: debilitou Milton Campos.

cena apareceu no dia seguinte na primeira página dos vespertinos *Folha da Tarde* e *Última Hora*, de Porto Alegre.

(Hoje, passado meio século, após ter conhecido a visão teatral de Jânio e sua fantasia mágica do poder, percebo que o gesto foi preparado. Ou, tão acostumado estava ele com essas teatralidades, que tudo lhe saiu sem que o previsse, mas numa inconsciente premeditação, porque era parte do seu cotidiano. Nas andanças pelo interior de São Paulo ou por outros pontos do país, a quantos adversários ou rivais Jânio Quadros terá "dado fogo", com o cigarro aceso ou riscando um fósforo, como tentativa de se aproximar? Jânio era exímio na arte de representar, algo inerente aos políticos, mas que, nele, tinha uma dimensão profunda e total. Representava não só para os outros, mas para si próprio. A renúncia à Presidência se enquadra nessa simulação da realidade que ele inventava e que, para si mesmo, fantasiava como real.)

– 3 –

Dali em diante, ou a partir do cigarro, cada qual aproximou-se do outro. Brizola apoiava a política externa de Jânio (tachada de pró-esquerdista e atacada por boa parte dos políticos conservadores que haviam apoiado sua candidatura presidencial), mas criticava duramente a política econômica interna. Até o tom crítico do jovem governador arrefeceu, porém, ou suas palavras tornaram-se menos contundentes, à medida que Jânio lhe dispensava, pouco a pouco, uma atenção que não demonstrava sequer com Carlos Lacerda, governador da Guanabara e um dos arautos da sua vitória eleitoral.

Nesse agosto de 1961, a teatralidade de Jânio Quadros transformara todas as aparências da política e parecia ameaçar o próprio quadro político. Rodeado de políticos e militares conservadores, nem os seus ímpetos (como a condecoração a Ernesto *Che* Guevara, com que, pessoalmente, homenageou o comandante guerrilheiro) o fizeram perder apoio da sua área civil ou fardada. A renúncia à Presidência, porém, consumada horas após prestar continência à bandeira no Dia do Soldado, em Brasília, criou uma reviravolta. Naquele exato dia 25 de agosto, o vice-presidente João Goulart (após ter estado na União Soviética) concluía uma visita oficial à China comunista e, iniciando a viagem de volta, saíra de Xangai com destino a Cingapura. Naqueles preconceituosos tempos da Guerra Fria, a China fora condenada ao isolamento pelos Estados Unidos – não fazia parte da ONU e tinha relações apenas com os países comunistas da Europa, mais a Inglaterra, cuja colônia de Hong Kong estava encravada em território chinês. Visitá-la significava entrar na "lista negra" internacional do horror alimentado pela CIA e pelo Pentágono.

– 4 –

Se Jango Goulart estivesse em Brasília no momento da renúncia, talvez os dias seguintes não viessem a ser tão dramáticos. O gesto do presidente fora tão surpreendente e inusitado que nem os velhos inimigos de Jango nas Forças Armadas (como os três ministros militares) teriam tempo ou oportunidade para impedir o rito normal da substituição. O vice-presidente, porém, estava a dezenas de milhares de quilômetros de distância, e fora enviado à União Soviética e à China por decisão de Jânio.

A substituição do presidente da República seguiu, assim, o rito normal: o paulista Ranieri Mazzilli, presidente da Câmara dos Deputados, tomou posse interinamente, na mesma tarde, após o Congresso tomar conhecimento do "gesto unilateral da renúncia" e declarar vaga a chefia do governo. Quando o ministro da Guerra chegou ao Palácio, os jornalistas o indagaram sobre o que pensava da posse de João Goulart. Denys desconversou: "Estou aqui para outra posse!". Ao desconversar, deu o primeiro indício do que preparava junto com os chefes da Marinha e da Aeronáutica. No único e breve discurso da cerimônia, porém, o interino Mazzilli lembrou que "por força de dispositivo da Constituição Federal" cumpria ao presidente da Câmara dos Deputados, "na ausência de Sua Excelência, o vice-presidente João Goulart, assumir nessa eventualidade histórica a presidência da República". E concluiu: "A nação está assistindo a um ato histórico, é certo, mas de rotina na construção do nosso direito constitucional".

Ao lado de Mazzilli no gabinete presidencial do Planalto, os três ministros militares entreolharam-se espantados. O almirante Sílvio Heck, da Marinha, mordiscou os lábios e apertou a boca. O brigadeiro Grün Moss, da Aeronáutica, respirou fundo, a pleno pulmão, e o som ressoou pela sala. O marechal Odilio Denys empertigou a cabeça e fez-se ainda mais alto, movendo o corpanzil como se tentasse refazer-se do susto.

Mais por formalidade do que por convicção constitucionalista, o interino Mazzilli lhes recordava o que pareciam ter esquecido: o substituto definitivo de Jânio Quadros era o vice-presidente.

Desde o anoitecer da sexta-feira da renúncia, mais do que ninguém, Leonel Brizola também recordava esse detalhe. Ao final da tarde, conseguira falar ao telefone com um dos assessores de Jânio, na Base Aérea de Cumbicas, em São Paulo, para onde o renunciante voara no avião presidencial. "A renúncia é um ato pessoal de vontade do presidente. Ninguém o pressionou. Os ministros militares insistiam, até, em que permanecesse. A ideia foi dele e só dele", disse-lhe Carlos Castello Branco, secretário de Imprensa da Presidência, sem entrar em minúcias, até mesmo porque ninguém do entorno presidencial sabia das minúcias que habitavam o ego de Jânio.

– 5 –

Agora, a renúncia deixava de ser importante e o fundamental passava a ser a volta de Jango Goulart ao Brasil para assumir definitivamente a chefia do governo. Mas, o que tinha mudado da sexta-feira da renúncia ao domingo, para haver tanta apreensão e medo?

No domingo, 27 de agosto de 1961, o governador rio-grandense preparava-se para responder a uma ameaça ainda maior: o ataque do Exército ao palácio governamental, no centro da cidade. Uma ordem do Gabinete Militar da Presidência da República, em Brasília, mandava o exército "silenciar Brizola" e "sua pregação subversiva, usando a força, se preciso".

Que "pregação subversiva" era essa? Por volta do meio-dia do sábado, 26 de agosto, o deputado trabalhista gaúcho Ruy Ramos deu o alerta inicial que modificaria os dias e anos seguintes: pelo serviço de rádio do escritório do Rio Grande do Sul em Brasília, contou a Brizola os detalhes da conversa que ele e o deputado Bocayuva Cunha (do Rio de Janeiro) haviam tido, pouco antes, com o ministro da Guerra. Sem rodeios, o marechal Denys lhes disse que "Jango não poderá assumir e nem voltar ao Brasil", completando seu pensamento com uma frase seca e lacônica: "E se voltar, as Forças Armadas o prenderão!".

Entre o parlamentar e o chefe do Exército sucedeu-se, então, um diálogo surrealista em pleno Palácio do Planalto:

– Sabe, marechal, que posso dar-lhe voz de prisão por desrespeito à Constituição? –, bradou-lhe Ruy, em quem a voz grave e a vasta cabeleira grisalha emolduravam a fama de ser o grande orador do Parlamento.

– Prenda-me, deputado! Mas saiba que eu também posso prendê-lo por desacato ao chefe do Exército!

– Aqui estou! Prenda-me então, ministro!

Presos e prendedores recíprocos, ninguém prendendo ninguém, despediram-se como inimigos, sem aperto de mãos.

– 6 –

Ao anoitecer, no Rio de Janeiro, o marechal Henrique Teixeira Lott soube que seu antigo camarada de armas vetava a posse de João Goulart e, com apoio da Aeronáutica e da Marinha, iria impedir que descesse "em qualquer aeroporto do país". Desde 1955, quando ministro da Guerra, Lott se tornara instrumento e símbolo da defesa da Constituição, ao evitar (junto com Denys) um golpe de Estado urdido para impedir a posse de Juscelino Kubitschek e João Goulart, eleitos para a presidência e vice-presidência da República. Permaneceu no comando do Exército no governo de Juscelino e só deixou o ministério para ser candidato à Presidência da República. Derrotado por Jânio Quadros, Lott reaparecia agora na cena política para alertar sobre outro golpe de Estado. Aos 66 anos, sem nenhuma função militar e já reformado, sua palavra tinha, no entanto, a autoridade típica do velho soldado incorruptível cuja única opção política era a lei.

Num "manifesto aos meus camaradas das Forças Armadas", que ele próprio lê a Brizola, pelo telefone do Rio a Porto Alegre, Lott afirma ter tomado conhecimento da decisão do marechal Denys "de não permitir que o atual presidente da República entre no exercício de sua função" e de detê-lo quando pisar em território nacional.

E dá detalhes:

> Mediante ligação telefônica, tentei demover aquele eminente colega da prática de semelhante violência, sem obter resultado. Mesmo afastado das atividades militares, mantenho compromisso de honra com a minha classe, com a minha pátria e com as instituições democráticas. Por isto, sinto-me no indeclinável dever de manifestar meu repúdio à solução anormal e arbitrária que se pretende impor à nação. Dentro dessa orientação, conclamo todas as forças vivas do país, as forças da produção e do pensamento, os estudantes e intelectuais, os operários e o povo em geral para tomar posição decisiva e enérgica pelo respeito à Constituição e preservação do regime democrático, certo de que meus nobres camaradas das Forças Armadas saberão portar-se à altura das tradições legalistas que marcam a sua história nos destinos da pátria.

– 7 –

Quando Leonel Brizola entregou-me o manifesto de Lott, eram quase 3h da madrugada de domingo, 27 de agosto, e num grupo de cinco jornalistas nos concentrávamos na pequena antessala do gabinete do governador. Com exceção de um (integrante da Rádio Farroupilha), os demais éramos todos da *Última Hora* e um deles, Belmiro Sauthier, também da Rádio

Gaúcha, que transmitia seus informativos da redação do jornal. Este detalhe de aparência inócua, iria explicar alguns dos acontecimentos dos dias seguintes e os próprios rumos daquilo que passaria a chamar-se "movimento da legalidade".

Rosto adusto e sério, ao sair do gabinete e encontrar o grupo de jornalistas, Brizola – contra todos os seus hábitos – sentou-se, mostrando que falaria muito. Os próprios telefones serviram de microfone e, em ligações diretas para as rádios Gaúcha e Farroupilha, ele começou dizendo:

"*A esta hora da madrugada decidi dirigir-me aos meus conterrâneos: nosso país está vivendo horas dramáticas de tensão!*".

A frase inicial resumia o que viria depois. Em condições normais, ninguém falaria pelo rádio àquela hora, mas ele sabia que milhões o ouviam e que não eram noctâmbulos vagabundos ou insones crônicos. Desde a sexta-feira da renúncia, a parte mais politizada da população farejava no ar as incertezas criadas pelo gesto de Jânio Quadros e ampliadas pela ausência do vice-presidente.

Brizola tinha muito a revelar. Contou da advertência do ministro Denys aos deputados Ruy Ramos e Bocayuva Cunha e mencionou o manifesto-denúncia do marechal Teixeira Lott.

"*O Rio Grande não permitirá atentados. A renúncia do Sr. Jânio Quadros é definitiva. Resta agora dar posse ao presidente constitucional do Brasil e entregar a presidência ao Sr. João Goulart. Isto é o que determina a lei maior, a Constituição*", – destacou.

E continuou: "*Entretanto, a politicagem, os sentimentos inferiores e golpistas de alguns círculos da República, vêm entendendo que não se deva dar posse ao vice-presidente, que se deve impedir que o presidente constitucional do Brasil, que agora é o Sr. João Goulart, exerça suas funções*".

Logo, apontou: "*Círculos federais, não apenas da política e da politicagem, explorando e reunindo alguns chefes militares em torno das suas intenções macabras, em pronunciamentos e notas discutidas nos gabinetes custeados e pagos com o dinheiro do povo, visam impedir que o presidente constitucional exerça suas funções*".

A linguagem é contundente, mas respeitosa: "*Nós, que governamos o Rio Grande, não assistiremos passivamente a quais-*

quer atentados às liberdades públicas e à ordem constitucional. Reagiremos como estiver ao nosso alcance. Nem que seja para sermos esmagados, defenderemos nossa honra e nossas tradições. A Constituição tem de ser respeitada".

A crise foi gerada por um veto da cúpula militar e, portanto, trata-se de uma crise militar, a ser resolvida mais do que tudo pelos que detêm as armas. E, habilmente, Brizola tenta sensibilizar todos os setores, e também os soldados:

"*Duvido que esses apelos ao golpe e as ordens para que se execute o golpe encontrem lugar e guarida nos corações e nas consciências dos soldados da nossa pátria que juraram defender a Constituição e a ordem legal. Apelo a todos para que observem a marcha dos acontecimentos com absoluta calma, com a segurança que somente têm os que estão cheios de razão. [...] Apelo a todas as forças vivas do meu Estado, aos trabalhadores e sindicatos, aos estudantes, ao povo e à população do Interior, a essa gente simples que não sabe o que é se submeter à humilhação e curvar a espinha. Nós queremos é a ordem e a paz. Não queremos a anarquia. Não queremos o caos. Desejamos o respeito ao princípio de autoridade, queremos a ordem legal, o império da lei e da Constituição".*

Traje gris escuro, de gravata, Brizola tem diante de si uma folha com rápidas anotações, um esboço dos temas que desenvolve passo a passo:

"*[...]Que assumam a responsabilidade aqueles que pretendem atentar contra a ordem constituída e verificarão que [...] todos, desde o peão de estância mais humilde até o maior industrial da cidade, não desejam e não querem o regime do arbítrio, o regime do abuso da autoridade em nosso país".*

Pede que "cada um tome as medidas que estiver ao seu alcance" e "aja em defesa da Constituição diante de qualquer iniciativa concreta de opressão e de violência contra as liberdades públicas".

As palavras são, também, esperançosas: "*Espero que aqueles que lançam a ofensa do golpe reexaminem essa atitude inaceitável, esse desatino que poderá jogar o país no caos, numa luta sangrenta e na guerra civil*".

Concluiu com um chamamento:

"*Atenção meus conterrâneos, muita atenção! O governo do Estado resistirá a qualquer tentativa de golpe. Resistiremos com o que estiver ao nosso alcance, vivendo os mandamentos da nossa consciência.[...] Este apelo eu levo a ti, gaúcho do Rio Grande, a ti brasileiro de outros Estados, a ti soldado do Brasil, das nossas forças públicas, Exército, Marinha e Aeronáutica. Atentem para a gravidade deste momento. Defendamos a ordem legal, defendamos a constituição, defendamos a honra e a dignidade do povo brasileiro*".

O Movimento da Legalidade ainda não tinha este nome, mas estava definitivamente nas ruas.

– 8 –

Eram quase 3h30 da madrugada quando Brizola concluiu a "entrevista", em verdade uma proclamação ao povo. Cerca de trinta minutos depois, recebo no Palácio um telefonema de Maurício Sirotsky Sobrinho, diretor da Rádio Gaúcha: "Acabam de nos retirar do ar, por ordem do Exército. Avisa ao governador". Dois funcionários dos Correios e Telégrafos (que, por lei, aplicava as sanções) tinham ido à redação da *Última Hora*, onde funcionava o departamento de notícias da rádio, para formalizar o fechamento "por tempo indeterminado". De lá, rumaram à Rádio Farroupilha para o mesmo ritual.

A reação do III Exército fora fulminante. Desde a sexta-feira da renúncia, as tropas estavam de prontidão. A partir do sábado, soldados de fuzil em riste e cercas de arame impediam o trânsito de automóveis pelos cinco quarteirões de quartéis que vão da Rua Riachuelo à Rua Sete de Setembro, pleno centro de Porto Alegre, onde está o comando militar. Só passavam os moradores do lugar, mas a pé.

Era a demonstração externa de que o Exército estava envolvido na crise, ou era a crise em si. O manifesto de Lott e, mais do que tudo, o pronunciamento de Brizola mostravam que haveria resistência ao golpe e isto acelerava o tom drástico da reação do comando militar. Nunca, em tempo algum, uma estação de rádio fora fechada tão rápido e em plena madrugada dominical, em lugar algum. No Rio de Janeiro, ao amanhecer de domingo, o marechal Lott fora preso em seu apartamento em Copacabana (por ordem expressa de Denys) e trancafiado entre as velhas paredes da Fortaleza de Laje, construída em 1642, junto ao mar, no outro lado da baía de Guanabara.

– 9 –

Não só isto, porém, havia mudado da sexta-feira da renúncia ao domingo, para haver tanta apreensão e medo entre os noventa ou cem civis, eu entre eles, que tinham ido à sede do governo, solidários com o governador, para juntar-se à guarda palaciana. Também a Brigada Militar (a força pública gaúcha) estava de prontidão e ocupava os pontos nevrálgicos da cidade – a usina elétrica e o gasômetro, o porto, as estações ferroviária, rodoviária e de tratamento d'água, a companhia telefônica, a ponte sobre o rio Guaíba etc. No terraço do Palácio, seis metralhadoras pesadas e uma antiaérea. Por ordem de Brizola, no domingo, outras três metralhadoras antiaéreas foram instaladas no ponto mais alto da cidade, ao lado do Palácio – a cúpula da catedral católica, ainda em construção.

Nós, os civis, recebemos revólveres calibre 38, novinhos, requisitados pelo governo no fabricante, a Forjas Taurus. Numa folha, assinava-se o recibo e pronto! Mas a munição era racionada: oito balas por arma, só duas além da carga habitual. Com o capitão Walter Nique, assistente militar do governador, consegui mais seis balas, em segredo, sob compromisso de não revelar a origem! A pontaria tinha de ser segura, tranquila e sem ansiedade. Não sabíamos ao certo contra quem íamos disparar, como em todas as guerras, onde o inimigo não é um desafeto pessoal a quem odiamos, mas só um adversário-ladrão que quer apoderar-se do que é nosso. Por isto, seria repelido. O Exército recebera instruções de Brasília para silenciar o governador, fosse como fosse, para que o arroubo de seus 39 anos de idade não alterasse os planos dos três ministros militares.

– 10 –

Foi assim que cheguei ao amplo salão térreo da parte frontal do Palácio, junto à catedral, e observei a janela oval. Os soldados da Brigada começavam a empilhar sacos de areia junto às janelas, portas e entradas, em barricadas de proteção. Outros, fuzil na mão, tinham missão ainda mais delicada: convencer as mil ou duas mil pessoas esparramadas pela praça a saírem dali imediatamente. Tropas do Exército iam nos atacar talvez em poucos minutos, e a bucólica Praça da Matriz (com muito verde e muitos pássaros) ia transformar-se em praça de guerra, com estrondos e sangue. Foi assim, enquanto empilhavam sacos de areia junto à janela e em meio à balbúrdia de mais e mais civis chegando ao salão de arma em punho, foi assim, ao observar tudo isto, que me deparei com a janela recortada em elipse, no alto da parede e bradei, dando ordens ao *brigadiano*.

E foi também assim que, uns dez minutos depois, ele voltou carregando um martelo e uma escada imensa. Alto e esguio, com olhos de quem não dormira sequer num catre, não sei como conseguia equilibrar fuzil, martelo e escada em torno do corpo magro.

– Encosta no alto da parede, ali! – disse-lhe apontando o lugar e tomando-lhe o martelo. De novo, ele obedeceu. A tez clara e os lábios finos mostravam que era da zona rural alemã, talvez filho de agricultores pobres, e se alistara na milícia estadual para ter um ganho fixo mês a mês e exercer alguma "autoridade" vigiando bêbados e gatunos na cidade grande. Na certa, ele jamais pensara em guerrear, muito menos "pela Constituição", pois nem sabia direito o que era isso. Que significado tinha para ele esta guerra e qualquer outra? Ele estava ali, nos seus 20 ou 22 anos, no entanto, tão disposto e pronto para a guerra que prestava obediência quase reverencial a um adulto de 27 anos como eu.

Ele ajeitou a escada e eu subi. Com o martelo pesado, bati direto no vitral do meio, depois em dois menores junto à parede, que se quebraram fácil, abrindo um buraco ao exterior. Os estilhaços caíram ao chão, os pequenos apoios de chumbo retumbaram mais do que o vidro e, só então, as quarenta ou cinquenta pessoas que ali se aprontavam para a guerra perceberam o ruído e viram que a batalha tinha começado. De costas, do cimo da escada, ouvi um coro ansioso, com todas as vozes retumbando em gritos na mesma pergunta de reprovação:

– Que barbaridade é esta? Tchê, que loucura é esta?

Aqueles civis autotransformados em combatentes há poucos minutos, que haviam recebido armas e se diziam decididos a disparar e matar a quem tentasse invadir o Palácio, não se escandalizavam com nada disso. Nem com o fato de que a maioria não sabia atirar. A súbita transformação de pacatos jornalistas, funcionários públicos, advogados, médicos, engenheiros ou dentistas em improvisados soldados de revólver calibre 38 na mão passava a ser natural.

Escandalizavam-se, porém, com o buraco que meu martelo tinha aberto na janela oval, no alto da parede, junto à catedral, para ali instalar um atirador com fuzil. Os gritos de reprovação se acentuaram.

Salvou-me da fúria o capitão Walter Nique que, com quepe e uniforme da Brigada Militar, apareceu para organizar e comandar a defesa da lateral direita do Palácio. Trazia à cintura uma pistola 45 mm e na mão uma metralhadora portátil Ina. Olhou o buraquinho no alto, que cobria o flanco da catedral e a esquina da praça (por onde se esperava o ataque) e exclamou:

– Grande ideia!

Mandou o soldado subir na escada e ajeitar-se lá em cima, com seu fuzil Mauser, modelo da Grande Guerra de 1914-1918.

Naquele domingo em que o Exército recebera ordens de silenciar Brizola, a janela oval, com seu buraquinho aberto a marteladas, era agora um novo e inesperado detalhe na estratégia de defesa do Palácio.

Capítulo II

Jornal sem Gre-Nal

– 1 –

Tudo foi espontâneo, nada programado. A renúncia do estrepitoso Jânio Quadros, porém, foi tão inesperada que parecia nos libertar da letargia e, como um empurrão ou um tapa, nos levava naturalmente a organizar o que nunca fora organizado e a ordenar o que jamais tivera ordem. Esta foi a característica do Movimento da Legalidade, escrito assim, em iniciais maiúsculas, pois tomou forma própria e autônoma ao longo das horas dos primeiros dias. Num país e num continente onde as coisas espontâneas e improvisadas costumam levar ao desastre ou se dilaceram em si mesmas, a rebelião iniciada em Porto Alegre alastrou-se pelo Rio Grande do Sul e chegou ao Brasil inteiro numa sucessão de fatos que se armavam uns sobre os outros e iam adiante, multiplicados por um fio condutor, como se fossem resultado de uma longa programação anterior, que jamais ocorreu.

O fio condutor foi a audácia. Sem a audácia de Leonel Brizola nada teria ocorrido, a renúncia de Jânio Quadros ter-se-ia confinado aos gabinetes do Palácio do Planalto e do Ministério da Guerra e a substituição do presidente da República atingiria, no máximo, o eixo Brasília-Rio de Janeiro, onde se situavam os órgãos de decisão do governo federal naquele 1961 em que a nova capital era ainda capital pela metade. A audácia é inerente ao audacioso, mas só permanece se for construída e desenvolvida a cada passo, minuto a minuto, hora a hora. Se assim não for, deixa de ser audácia e torna-se bravata, algo que explode e parece iluminar, mas que, em seguida, se apaga. E vira cinza.

Por isto, para entender o Movimento da Legalidade e sua transformação em avalanche, é necessário acompanhar o calendário daquele final de agosto de 1961. A sexta-feira da renúncia de Jânio, no Dia do Soldado; o sábado, com a ansiedade oculta numa calma aparente de tensa espera, até que as palavras do ministro Denys ao deputado Ruy Ramos mostraram que o golpe estava em marcha. Ou que já havia eclodido. Logo, o domingo de tensão absoluta e os dias seguintes, quando a decisão do poder militar tornou-se pública e chegou a todo o país, ecoando pelo mundo inteiro: o vice-presidente João Goulart não poderia assumir o governo e deveria permanecer no exterior. Se voltasse ao Brasil, seria preso.

Preso, por quê? Por voltar ao Brasil, de onde saíra em missão oficial, menos de três semanas antes!

– 2 –

Os dias da semana marcam um ritmo, passam a ter cadência e significado próprios, um dia preparando o outro. Mais do que tudo agora, meio século depois, só prestando atenção às datas é possível acompanhar e entender o desenrolar de tudo.

Ei-lo:

Após a sexta-feira da renúncia, a noite de sábado fora longa, e mais longa ainda a madrugada de domingo, logo o domingo inteiro, e decisiva seria a segunda-feira, mas foi no sábado que tudo realmente começou. Sim, pois já ninguém se dispunha a morrer por Jânio Quadros e o nome do presidente renunciante começava a desaparecer do noticiário das emissoras de rádio.

Ao meio-dia desse sábado, 26 de agosto, sou chamado "com urgência" ao jornal *Última Hora*. Tal qual as edições do Rio de Janeiro e São Paulo, éramos em Porto Alegre um vespertino que não circulava aos domingos, reservado somente aos matutinos que, por sua vez, não apareciam às segundas-feiras.

Era assim no mundo inteiro. Descansávamos aos sábados, menos nesse em que Neu Reinert, diretor do jornal, me informa que o governador soube que há um veto militar à posse de Jango, um golpe de Estado de fato: "Vamos lançar uma edição extra no domingo. Tu vais te instalar no Palácio e, de lá, escrever e coordenar tudo com o pessoal da redação".

Rumamos ao Palácio e Brizola nos recebe na ala residencial, algo que nunca ocorria. Aparenta calma, mas está inquieto: "O governo gaúcho não pode se isolar neste domingo, temos que conquistar o povo para a nossa causa, mas não tenho imprensa. Não conto sequer com os *Diários Associados*, uns mercenários, e nada posso esperar do Breno Caldas. Nem dos padres do *Jornal do Dia*. Só posso contar com a *Última Hora* e acho que nisto estamos juntos!".[2]

É claro que estávamos juntos. Não era preciso lembrar que o golpe de Estado é um delito em si, talvez o maior de todos os delitos, e que tomar posição contra o crime é postura natural que prescinde de argumentos. O jornal não era benevolente com a administração estadual e, na página nobre (a terceira), a coluna diária "Boa tarde, Sr. Governador" dedicava-se a criticar os atos de Brizola e seus secretários. Mas apoiávamos a linha política e lhe dávamos amplo espaço no noticiário. Eu conhecia muito bem essa mecânica: além de repórter destacado para o Palácio com a missão de "grudar no Brizola onde quer que ele estivesse", eu era o editor político do jornal, comandando uma pequena equipe que cobria todo o espectro partidário.

A redação do jornal, na Rua Sete de Setembro, no centro de Porto Alegre, ficava a menos de 150 metros dos quarteirões militares, onde se localizavam o comando do III Exército e outros

---

2. O conservador Breno Caldas dirigia o mais influente grupo jornalístico gaúcho: os jornais *Correio do Povo*, *Folha da Tarde*, *Folha Esportiva* e a Rádio Guaíba. Os *Diários Associados*, de Assis Chateaubriand, tinham em Porto Alegre a TV Piratini, os jornais *Diário de Notícias* e *A Hora* e as rádios Farroupilha (que transmitia as palestras semanais de Brizola) e Difusora. Completavam o quadro o católico *Jornal do Dia* e *Última Hora*, de Samuel Wainer, com vinte meses de circulação no Sul. Pouco antes, o comunista *Tribuna Gaúcha* e *O Estado do Rio Grande*, do Partido Libertador, haviam encerrado suas atividades.

quatro quartéis, além da Capitania da Marinha. Desde a tarde da renúncia, a área estava cercada por arame farpado e patrulhada por soldados de fuzil em riste. A localização do jornal era um risco em si mesmo: estávamos à mercê de uma eventual invasão, algo comum na época noutras cidades, especialmente no Rio. Não ficaríamos sem eletricidade, pois a Brigada Militar gaúcha ocupava a usina geradora e garantia o abastecimento, mas o III Exército podia interceptar ou interromper as ondas de rádio com que recebíamos, em Código Morse, as informações da central da *Última Hora* do Rio e São Paulo. (As comunicações eram assim no mundo inteiro. Não existia ainda a transmissão por *fac-símile*, a eletrônica e a internet não eram sequer um instrumento de uso militar nem uma probabilidade à vista, mas somente um exercício de equações algébricas. O circuito de teletipo e telex era moderno e rápido, mas só funcionava entre Brasília, Rio e São Paulo.)

Por isto, mais seguro era nos instalarmos no Palácio Piratini, até porque, a partir daquele momento, o núcleo de tudo seria Brizola. Imprimíamos a *Última Hora* nas oficinas do matutino católico *Jornal do Dia*, a cinquenta metros do Palácio e da catedral, na Rua Duque de Caxias, e isso nos garantia segurança e evitava qualquer temor de "empastelamento". O padre Germano Hoelscher, gerente do *Jornal do Dia*, homem de confiança do arcebispado, não tinha qualquer afinidade com a linha da *Última Hora*, muito menos com a edição extra que íamos lançar. Sabia, porém, que não podia prescindir dos nossos pontuais pagamentos para suprir o déficit no orçamento da sua publicação e, assim, não hesitou em convocar os trabalhadores gráficos para a jornada madrugada afora.

Instalei-me no abafado subsolo do Palácio, na sala de Hamilton Chaves, secretário de Imprensa, que ia e vinha ao gabinete de Brizola, no primeiro piso, trazendo as informações recebidas pelo serviço de rádio. Floriano Soares, secretário de redação do jornal, especialista em ordenar fatos e notas, foi o primeiro a chegar e sentar-se a meu lado, junto com Tarso de

Castro. Logo, Carlos Bastos que cobria o Legislativo e integrava a editoria política. O outro tripé da editoria, Carlos Fehlberg, que cobria os partidos de oposição, tivera um entrevero pessoal com Brizola, anos antes, e ficou na redação do *Jornal do Dia* (no qual era chefe de reportagem), dali enviando suas informações. A montagem da edição fez-se por telefone. Um mensageiro em uma motocicleta recolhia as notas nos porões do Palácio, dava uma volta imensa pelo centro da cidade para desviar-se da zona dos quartéis e levava tudo à sede do jornal, de onde o diretor de Redação, Jorge de Miranda Jordão, comandou a edição. Ali, feitos os títulos e a diagramação das páginas, o material voltava à rua do Palácio, agora para ser composto e impresso nas oficinas alugadas do jornal católico.

Íamos fazer uma convocação à resistência e era preciso um editorial. "O Franklin pode escrever", sugeriu Brizola. Nada melhor do que o estilo de Franklin de Oliveira, que deixara o Rio e o posto de colunista da maior revista do país, *O Cruzeiro*, para assessorar o governador gaúcho. Desde que as rádios Gaúcha e Farroupilha foram fechadas por terem transmitido o pronunciamento do governador, o enfrentamento passava a ser aberto. Brizola era o alvo e estava na mira. O dilema era capitular ou resistir.

O governador tinha sido cauto e educado com os militares. Muitas horas antes, às 7h da manhã do sábado, numa sondagem da situação, telefonou ao comandante do III Exército e informou que a Brigada Militar e a Polícia Civil patrulhavam os pontos vitais da cidade – o porto, o aeroporto e os hangares da Varig, a usina elétrica e o gasômetro, as estações ferroviária, rodoviária e de hidráulica – para "assegurar a tranquilidade da população e cooperar para que o cumprimento da Constituição se faça em ordem". Cortês, mas firme, antecipou que o governo do Estado resistiria a qualquer tentativa de "rasgar a Constituição" e impedir a posse do vice-presidente. E, polidamente, indagou da posição do general José Machado Lopes sobre aquilo que todos começavam a chamar de "crise política":

– Sou soldado e fico com o Exército. Não posso me definir. Minha posição é a do Exército –, respondeu o general, educadamente lacônico.

Ao não tomar posição, em verdade, Machado Lopes adotava a posição do chefe do Exército. E o marechal Denys já decidira: João Goulart não poderia assumir o governo.

– 3 –

Nesse ambiente, preparávamos a edição extra de oito páginas que lançaria nas ruas a resistência ao golpe de Estado, quando Edna Lott telefona do Rio de Janeiro ao governador e avisa que seu pai será preso "ao clarear do dia", por ordem do ministro da Guerra. Agentes da polícia política do governador da Guanabara, Carlos Lacerda, haviam ocupado a calçada junto ao edifício de Lott, em Copacabana, "para impedir que ele fugisse", e só se retiraram quando oficiais nacionalistas do Exército e da Aeronáutica lá chegaram e os expulsaram a gritos. Mas, à saída, o chefe do Policiamento Ostensivo da Guanabara, coronel (do Exército) Ardovino Barbosa, avisou num berro:

– Fiquem sabendo, seus comunistas filhos da puta, que às 6h da manhã volto para arrombar a porta do Lott.

O coronel Ardovino era o predileto do governador Carlos Lacerda para chefiar ações truculentas e seu berro resumia o estilo do golpe desencadeado pelo chefe do Exército. De um lado, o anticomunismo primário típico daqueles tempos de Guerra Fria, usado como pecha e estigma. (Ideologicamente, Lott era um acirrado anticomunista, e o proclamava em público, mas – como não discriminava nem perseguia os comunistas – passava a ser "um comunista".) De outro lado, o medo de mostrar que feriam e ultrapassavam a lei, mesmo numa premeditada arbitrariedade: a partir das 6h da manhã, poderiam entrar "legalmente" domicílio adentro e prender com uma "ordem disciplinar" na mão!

Desde a sexta-feira da renúncia, o Rio vivia sob violência e tensão, com a polícia nas ruas. Mesmo assim, centenas de pessoas, dando "vivas" a Jânio Quadros, apedrejaram as portas da *Tribuna da Imprensa*, o jornal de propriedade de Carlos Lacerda, de *O Globo* e do *Diário de Notícias*. Lacerda fora o último "inimigo público" de Jânio e a multidão nele identificava a causa de tudo. A Polícia Militar estadual dispersou os manifestantes a pauladas e, daí em diante, concentrou a iniciativa da truculência. Na tarde do sábado, a polícia civil danificou os transmissores da Rádio Guanabara, tirando-a do ar por transmitir "notícias alarmantes". De fato, o "alarmante" fora a difusão de uma informação rápida sobre "um veto militar" à posse de Jango, só isto. E isto explica porque o manifesto de Lott não foi divulgado no Rio, mesmo tendo sido redigido ali, no apartamento do marechal, e levado, em mãos, à maioria das emissoras.

Se em Porto Alegre o governo estadual divulgava o manifesto, no Rio, o governo estadual conduzia a repressão e as Forças Armadas atuavam supletivamente, com os olhos postos, mais do que tudo, na própria área militar. Agiam impiedosamente, com pressa e eficiência. Os oficiais que tinham ido ao apartamento de Lott para com ele solidarizar-se foram presos ainda antes de raiar o dia. Os cinco ou seis que não foram encontrados, não puderam, porém, retornar aos quartéis. O apartamento do dirigente comunista Luiz Carlos Prestes, em Botafogo, foi invadido pela polícia estadual, mas ele já estava noutro lugar. A polícia ocupou a redação do semanário comunista *Novos Rumos* e lá prendeu dois de seus jornalistas. Foram detidos praticamente todos os dirigentes sindicais – "pelegos", independentes ou comunistas. As sedes dos estratégicos sindicatos dos ferroviários e dos marítimos foram invadidas pela polícia e, depois, entregues à guarda do Exército. A sede da União Nacional dos Estudantes, na Praia do Flamengo, 132, foi ocupada diretamente pelo Exército. Os dirigentes da UNE tiveram de fugir e esconder-se.[3] Dois deles, perseguidos na rua, entraram na Embaixada do México

---

3. A diretoria da UNE refugiou-se em Porto Alegre, onde o primeiro a chegar foi o vice-presidente (e gaúcho) Marco Aurélio Garcia, junto com Ney Sroulevitch, presidente da Associação Metropolitana de Estudantes Secundários, do Rio. Depois, chegaram o presidente, Aldo Arantes, e outros dirigentes da UNE e da União Brasileira de Estudantes Secundários.

e pediram asilo. Um grupo de estudantes saiu em correria em direção ao centro, num alarido tão forte que Jorge Luis Borges (em trânsito pelo Rio rumo a Londres) assustou-se e decidiu cancelar a palestra que faria no Teatro do Hotel Glória. O escritor argentino era cego desde 1955, mas enxergou o que viria, mesmo sem poder ver.

O acesso à Rua Sotero dos Reis, sede da *Última Hora*, foi interditado pela polícia, a redação invadida e as vidraças do prédio, depredadas. Também a redação de *A Noite* foi invadida, e a entrada ao edifício do jornal (e da Rádio Nacional, junto ao cais) ocupada pela polícia. Já em plena manhã do sábado, no centro da cidade, a polícia militar da Guanabara transformara a Cinelândia em irrespirável praça de guerra, ao lançar bombas de gás lacrimogêneo contra manifestantes que davam "vivas" a João Goulart junto ao busto do presidente Getúlio Vargas. O suicídio de Getúlio, em 24 de agosto de 1954, retornava à cena neste mesmo mês e quase no mesmo dia, outra vez como tragédia, sete anos depois.

Nos dias seguintes, a guerra psicológica escancarada incendiou o Rio, que (na prática) ainda partilhava com Brasília a condição de Capital Federal. "Estamos na encruzilhada: democracia ou comunismo", dizia *O Globo*, numa manchete garrafal ao alto da primeira página, visível até a quem não lesse jornal e complementada por uma frase – "Séria advertência do ministro da Guerra à Nação". A informação transcrevia declarações do marechal Denys à agência norte-americana United Press International, UPI: "Chegou a hora de se escolher entre democracia e comunismo no Brasil. Nada tenho contra a pessoa do Sr. João Goulart, mas apenas contra a forma de governo que ele representa".

Oficializava-se o veto: dar posse a Jango significava entronizar "a forma comunista de governo". Como explicar esse pretexto perigosamente fútil? Como entender o primeiro ato de Denys – mandar prender o marechal Lott, seu "velho amigo", tão anticomunista como ele, só por defender a posse de Jango?

– 4 –

Também Porto Alegre e o Rio Grande do Sul viviam sob tensão, mas de outro tipo. Não havia presos nem qualquer ato de violência. Apenas mobilização. Enquanto o governo da Guanabara orientava ou desencadeava a truculência de rua, no Sul o governador se mobilizava para ajudar a lançar à rua um jornal com notícias e palavras de ordem que informassem e empolgassem a população. Sim, pois a ideia da edição extra tinha partido de Brizola e, nos primeiros minutos, os diretores do jornal chegaram, até, a julgá-la inviável. Como fazer funcionar a oficina gráfica na madrugada do domingo? – perguntou-se o diretor do jornal, e ele próprio alvitrou a solução: "Vamos ter que oferecer pagamento em dobro aos padres".

Foi assim que, a menos de cinquenta metros do Palácio e da catedral, padre Germano, da Congregação do Verbo Divino, acedeu prontamente e deu ordens a que os gráficos, que concluíam o trabalho às 22h do sábado, voltassem a partir das 4h30 da madrugada para a edição extra de *Última Hora*.

Estávamos redigindo um jornal, mas éramos mais do que jornalistas. No fundo, até sem o perceber, éramos também combatentes. Mas, diferente das guerras com canhões e bombardeios que destroem ou fragmentam tudo, nós agora buscávamos unir. Tentávamos a unidade para resistir ao veto da cúpula militar. Aquilo era o golpe de Estado e só podíamos enfrentá-lo se estivéssemos todos juntos, sem fissuras ou com fissuras mínimas. E sem outras paixões que não fosse a paixão de resistir à violência e ao terror do golpe.

Mas, como? E o Gre-Nal? Daqui a algumas horas, na tarde do domingo, o Rio Grande do Sul ia dividir-se em paixões e a paixão geraria discussões, enfrentamentos, brigas, bronca. Até ira, talvez ódios. Nesse domingo, Grêmio e Internacional, as duas maiores equipes do futebol gaúcho, iam enfrentar-se no estádio Olímpico, reduto gremista. A partida era decisiva. O Gre-Nal acendia labaredas em cada um e reduzia a vida a isso – às labaredas do futebol – até mesmo naqueles que não se interessavam por desportos, mas que também se viam cercados pela força que a rivalidade desperta em nossos neurônios, transformando gente doce e suave em turbulenta e agressiva.

Levantei os olhos do teclado da máquina de datilografia e me vi rodeado de adversários. Divisei o *gremista* Hamilton Chaves, secretário de Imprensa, porte imponente e voz grave. Daqui a algumas horas, estaríamos em campos opostos, ele gritando de paixão pelo Grêmio, opondo-se a mim, um *colorado* do Internacional. Mais adiante, Carlos Bastos, do meu jornal e também *gremista*, tal qual Carlos Fehlberg – que naquele momento me chamava ao telefone –, que deixara a medicina pelo jornalismo e era um conservador antibrizolista, mas se unia contra o golpe. Como poderia o Rio Grande, dividido, unir-se para unir o Brasil? Tal como um sonâmbulo, daqueles que profetizam em voz alta sem consciência do que dizem e, às vezes, acertam até o prêmio da loteria, pulei da cadeira e indaguei a esmo, quase num grito:

– E como será quando o Gre-Nal nos deixar em lados opostos, esta tarde, eu brigando com vocês e vocês brigando comigo?

De todos nós, só o secretário de Imprensa tinha livre acesso ao gabinete do governador, e Hamilton, em silêncio e às pressas, deixou o porão do Palácio, tomou o elevador e foi ver Brizola. Voltou em menos de meia hora, sorridente com a nova notícia: o presidente do Conselho Regional de Desportos, "no uso de suas atribuições e tendo em vista a gravidade da situação nacional", decidiu adiar *sine die* o confronto entre o Grêmio e o Internacional. Os presidentes da Federação Rio-Grandense de Futebol (FRGF)[4] e dos dois clubes estavam sendo informados da decisão nesse momento, por telefone. Quem os avisava, ali mesmo do Palácio, era o presidente do Conselho Regional de Desportos, o economista Cibilis da Rocha Viana, o mais direto assessor de Brizola, membro do Gabinete de Administração e Planejamento (GAP), que funcionava ao lado da sala do governador.

---

4. Chamava-se assim a atual Federação Gaúcha de Futebol.

Durante todo o sábado, Brizola havia cuidado minuciosamente de todos os detalhes: além do contato com Machado Lopes, telefonara aos comandantes do II e IV Exércitos, em São Paulo e Recife, e ao governador paulista, Carvalho Pinto – todos evasivos, evitando o tema ou cortando a comunicação com palavras secas. Em contraposição, recebeu apoio dos governadores Mauro Borges Teixeira, de Goiás, e Chagas Rodrigues, do Piauí, que estava na capital paulista. Na época, as ligações interurbanas faziam-se através de telefonistas da central da companhia telefônica e, às vezes, havia uma espera de muitas horas ou longos minutos. Brizola, porém, tinha vencido tudo isso e se comunicou, Brasil afora, com parte da ala militar nacionalista, do general Osvino Ferreira Alves (no Rio, mas sem comando de tropa) ao marechal Lott. E, por sugestão de Lott, com os generais Pery Bevilacqua, em Santa Maria, e Oromar Osório, em Santiago do Boqueirão, comandantes de duas estratégicas divisões do Exército no interior do Rio Grande do Sul. Brizola mobilizara todo o governo estadual em pleno sábado e cuidara de tudo, minuciosamente – desde mandar suspender as aulas na segunda-feira a engajar um jornal para lançar a resistência nas ruas no domingo.

Mas tinha se esquecido de que o Gre-Nal poderia ofuscar essa mobilização, desviar a atenção da opinião pública e dividir a população em torno de questiúnculas menores num momento em que a união maior era imprescindível. Sanou esse lapso, no entanto, com o raciocínio espantosamente certeiro e rápido que o caracterizou naqueles dias e, em fração de segundos, deu a solução: o presidente do Conselho Regional de Desportos tinha atribuições suficientes para adiar a partida e o homem para isto estava ali, no próprio Palácio.

Começava a madrugada e o secretário de Imprensa, Hamilton Chaves, telefonou ao *Correio do Povo* e ainda conseguiu colocar exatas cinco linhas sobre o adiamento do Gre-Nal na última página da edição dominical.

– 5 –

A edição extra de *Última Hora* destinava-se a denunciar o golpe. O jornal, um tabloide (formato pequeno como o são, hoje, todos os jornais gaúchos), tinha uma manchete imensa, direta e seca, em três linhas, definida ainda antes que começássemos a redigi-lo:
GOLPE
CONTRA
JANGO!
Uma foto de João Goulart, com a gola do sobretudo levantada desafiando o vento, seria a única ilustração da primeira página. De resto, escreveríamos sobre fatos, dando notícias. Assim, mantínhamos nossa independência e isenção, mesmo tomando posição: denunciar o golpe era ser independente. Não nos curvávamos aos que fechavam emissoras de rádio ou que, noutros lugares, como o Rio, censuravam notícias, prendiam "comunistas" em casa ou espancavam nas ruas. Ou que, até, queriam prender o presidente da República ao pisar no solo do Brasil.

Um jornal de oito páginas, sem anúncios. Ao abri-lo, na segunda página, o pronunciamento de Brizola na madrugada, com a foto em que fala rodeado de jornalistas. *Brizola: O Rio Grande resistirá ainda que para ser esmagado* – é o título. Mais adiante tudo o que ocorrera no Palácio Piratini, do telefonema de Brizola ao general Machado Lopes, ao amanhecer do sábado, até o início da manhã de domingo, quase minuto a minuto. O governador só abandona o Palácio por setenta minutos, das 15h34 às 16h45, para inaugurar a Exposição Nacional de Animais, no Parque do Menino Deus. Antes, pede à esposa que saia da ala residencial com os três filhos pequenos, mas Neusa Goulart Brizola insiste em ficar e entrega os filhos à guarda da amiga e comadre Mila Cauduro, para abrigá-los fora do Palácio. Tudo tem uma cadência dramática em si mesmo. Na contracapa, o manifesto de Lott. Nas páginas internas, a suspensão do Gre-Nal e a foto dos emissários do Exército fechando a Rádio Gaúcha. O veto de Denys à posse de Jango aparece em detalhes, mas não há ataques aos militares. E uma nota, vinda do Rio, menciona indícios de que "o III Exército estaria disposto a defender a Legalidade". Era uma informação do jornalista Batista de Paula, da UH carioca, que cobria o Palácio da Guerra (no Rio) e conhecia, de um a um, os generais dos três estados do Sul, mas aparecia ali mais como a semeadura de um desejo, ou um consolo por algo quase impossível, do que como certeza.

A expressão *Legalidade* surge pela primeira vez em letra de forma e, nos momentos seguintes, passa a definir o movimento.

Tudo era tão insólito que bastava informar para estremecer a população e levá-la a entender a violência que se desenhava naquele domingo frio. Se algo faltasse, o editorial "Constituição ou Guerra Civil" lá estava, incisivo:

> O golpe é uma bofetada na face do Brasil. O golpe é uma afronta ao Rio Grande do Sul. Povo brioso, o brasileiro não recebe injúrias. Gente altiva, o gaúcho não se alaparda diante do ultraje. [...] Sob a ameaça da insanidade golpista [...] não está em causa o nome do Sr. João Goulart, mas aquilo que o presidente constitucional representa: a inviolabilidade da democracia, a verdade do voto, a legitimidade do mandato popular.

E advertia:

> Só os povos escravizados não têm uma constituição,[...] vivem em regime de violência, sem garantias, sem ordem e sem paz. O Brasil não é uma cubata africana.

Ao receber o editorial, enviei-o, sem ler, para a diagramação no jornal. Só despertei para certos detalhes quando de lá me telefonaram: "O tal de 'o gaúcho não se alaparda' dá até para adivinhar. Mas o que é isso de 'o Brasil não é uma cubata africana'? O que é cubata?".

Eu tampouco sabia. Desconhecia a palavra. Os conflitos recentes no Congo Belga, no entanto, haviam posto de moda o horror da África colonial e, mesmo que ninguém soubesse o significado, "cubata africana" tinha um ritmo tal no próprio som que era até melhor que cada qual entendesse o que quisesse. Fosse o que fosse, seria sempre algo mau e ruim! Quem se atreveria a substituir "cubata" por senzala ou aldeia e, assim, mexer no estilo retumbante de Franklin de Oliveira, que era de São Luís do Maranhão, a Atenas brasileira, onde todos tinham fama de saber escrever?

– 6 –

Em meados dos anos 1950, em Porto Alegre, Brizola fora diretor do *Clarim*, um vespertino ligado ao antigo Partido Trabalhista, e pediu para ver a prova final (a pré-impressão) da capa e contracapa da edição que, afinal de contas, ele havia sugerido. Com as provas na mão, o diretor da *Última Hora* caminhou da oficina gráfica ao Palácio e Brizola franziu a testa ao observar os títulos:

– E o editorial? – indagou.
– Está na página 3, em destaque! – foi a resposta.
– Não! O editorial é a grande denúncia. Põe na primeira página! – retorquiu.

Brizola tinha razão. O editorial convocava à resistência, para impedir que virássemos uma cubata africana... Mas a manhã se aproximava e não havia mais tempo de refazer a primeira página para acomodar o longo editorial. O jeito foi comprimi-lo numa horrenda composição gráfica, em letras grandes ao início e em miúdas letrinhas ao final, fora dos padrões em uso.

Mas até isso dava ao jornal mais bonito do Sul (o único impresso em cores) um aspecto de batalha numa improvisada trincheira. Ou como se aquilo fosse um ferimento antecipado pelas muitas lutas que viriam. E que, talvez, começassem muito cedo, pois as luzes no comando do III Exército tinham permanecido acesas toda a noite, as tropas estavam em alerta e prontidão, e se temia que tentassem impedir a distribuição e venda do jornal.

Por volta das 9h30 da manhã de domingo, duas patrulhas da Brigada Militar do Estado, fuzis em punho, postaram-se defronte ao prédio da oficina gráfica à espera dos 25 mil exemplares da edição extra que as rotativas rapidamente imprimiam. Dois soldados subiram em cada veículo de cor azul com o logotipo da *Última Hora* e se acomodaram entre os jornais. Com os olhos no horizonte da rua, ordenaram ao motorista que arrancasse rápido. Iniciava-se a distribuição da edição extra. As duas kombis VW e os dois jipes DKW iam e vinham, em viagens sem fim.

Pela primeira vez na história universal da imprensa, soldados protegiam e garantiam a livre circulação de um jornal que conclamava à rebelião contra o golpe de Estado. Até então, mundo afora, a força policial-militar tinha atacado a imprensa, empastelado, confiscado ou queimado suas edições, espancado jornalistas e vendedores de jornal.

Agora, as armas protegiam a liberdade de informar. O insólito começava a ser real, numa cadeia de surpresas que iria multiplicar-se por muitas vezes mais.

Capítulo III

A batina e a farda

– 1 –

O ar abafado da secretaria de Imprensa, nos porões do Palácio, nos fez sair à rua ao concluirmos a redação do jornal, às 7h30 da manhã do domingo. A impressão final demoraria duas horas, e nos sentamos – Tarso de Castro e eu – nos bancos da Praça da Matriz, defronte à catedral e ao próprio Palácio. Insones e exaustos, queríamos descansar, esvaziar do corpo e da mente as responsabilidades que havíamos assumido e que agora, sob o frio da manhã, nos assomavam como nuvens acima de nossos tetos. Tudo era incerto. Mesmo protegidos por soldados da Brigada Militar, não sabíamos sequer se o jornal chegaria aos leitores, pois pendia a ameaça de confiscação pelo Exército. O fechamento das rádios não nos saía da memória. Poderíamos nos acalmar na meditação da missa matinal, mas Tarso era um agnóstico e "ateu, graças a Deus". No radicalismo de seus dezenove anos de idade, devia sentir-se estuprado por anjos ao entrar numa igreja e não me acompanharia naquilo que achava "uma bobagem".

Para vencer a tensão, nada melhor do que a brincadeira ou a galhofa e, ao ver a catedral, tive a ideia: telefonar ao arcebispo dom Vicente Scherer em nome do general Machado Lopes e ao general como se fosse o arcebispo. Um trote inocente, como os que dávamos muitas vezes pelo telefone, só para rir e para que o riso substituísse a angústia. A Igreja Católica era ainda poderosa, dom Vicente opinava em tudo e sobre tudo, como se o profano lhe fosse mais sagrado do que o sacrário dos templos. Sempre de batina preta, estava presente em todas as grandes solenidades, aquelas em que os discursos começavam com saudações às "excelentíssimas autoridades civis, militares e eclesiásticas".

Em suma, o arcebispo era tão poderoso quanto o comandante do III Exército. Só não tinha tanques ou tropas armadas. Mas esbanjava influência e a usava no cotidiano. Olhava de soslaio os luteranos e os outros ímpios, era adversário aberto do governador e demais pecadores – divorcistas, maçons, socialistas e, principalmente, comunistas ou similares. Um dia antes da renúncia, tinha criticado o presidente Jânio Quadros por decidir reatar relações diplomáticas com a União Soviética, por simpatizar com a luta anticolonialista na África e por condecorar Ernesto *Che* Guevara em Brasília. Dom Vicente estava em luta contra todos os demônios terrenais.

E se este rigoroso conservador aparecesse de outra forma, nesse domingo 27 de agosto de 1961?

– 2 –

Eu costumava arrancar gargalhadas dos amigos ao imitar a pronúncia das regiões alemãs do Sul do Brasil (onde havia nascido e morado na infância), e essa improvisada especialidade cênica vinha a calhar naquele momento, em função do acentuado sotaque germânico do arcebispo. Além disso, eu fora da Cruzada Eucarística Infantil, da JEC e da JUC[5], e sabia do respeito reverencial que o alto clero de então nutria pelo poder militar, tão rígido na obediência hierárquica quanto a própria Igreja Católica.

Voltamos ao Palácio e, da sala de imprensa vazia, enquanto Tarso vigiava a porta de entrada, telefonei para a cúria. Disse que era do comando do III Exército e o pároco da catedral

---

5. JEC, sigla da Juventude Estudantil Católica; JUC, da Juventude Universitária Católica. Havia ainda a JOC, braço juvenil dos Círculos Operários mantidos pela Igreja.

deu-me "o número do telefone privado da câmara do senhor arcebispo", que lá estava nas orações matinais. No seguinte telefonema, atendeu o próprio dom Vicente, surpreso. Imitei um sotaque acariocado, apresentei-me como "major Gerson", nome inventado ao acaso, "ajudante de ordens de Sua Excelência, o comandante do III Exército" e disse falar em seu nome. A imponência verbal deu-me um tom educado e incisivo. Perguntei-lhe se tinha ouvido o discurso do "senhor governador" na madrugada e dom Vicente respondeu que sim, "apesar do avançado da hora". Disse-lhe que o general considerava a situação "muito grave", mas queria também "a normalidade e a paz, como o governador". O arcebispo explicou que não se recordava desta parte do discurso, "era muito tarde" e perdera alguns trechos.

– Que pena que Vossa Reverendíssima não ouviu esta parte, pois o general também quer a normalidade e a paz, tal qual o governador! – retruquei e, de imediato, o convidei a visitar o quartel-general "daqui a sessenta minutos", para expor a posição da Igreja.

– Eu irei, mas como? – indagou dom Vicente, lembrando que "o rádio informa" que a área do quartel, cercada de arame farpado, está interditada ao trânsito. Sem titubear, disse que mandaria buscá-lo num jipe militar, com o que o trote terminaria ali mesmo e não seguiria adiante. Isso já bastaria para nos espairecer e nos fazer rir, mas dom Vicente calou-se por alguns segundos, indeciso e hesitante. Deve ter pensado: "Um padre de batina montado num jipe já é um escândalo, quanto mais um arcebispo", pois em seguida frisou que preferia ir em seu próprio automóvel.

– O seu carro terá ordem de livre passagem. Se o pararem, diga apenas que vai ver o general! – assegurei. E me despedi educadamente.

Aliviados, rimos muito e ligamos para o gabinete do comandante do III Exército. Os números estavam à mão, pois lá Jânio Quadros iria instalar o "governo itinerante" em Porto Alegre. Pelo sotaque alemão (ou *alemoado*), o capitão atendente percebeu "logo, logo, que era sua eminência, o arcebispo". O diálogo foi rápido. O general veio ao telefone e, polido e sem comentários, ouviu a rápida menção do "arcebispo" a favor "do apelo do governador pela normalidade e a paz".

– O delicado da situação exige que eu converse pessoalmente com o senhor general. Estarei aí em uma hora, se puder atender-me, é claro – acrescentei, caprichando na voz mansa, no estilo educado e na germânica pronúncia de dom Vicente, espichando as vogais e patinando no som dos erres.

Desculpei-me "por importuná-lo" e agradeci, concluindo rápido com aquilo que já avançara demais, muito além do que pensávamos. E o general também agradeceu, como se igualmente quisesse desvencilhar-se do inesperado telefonema.

– 3 –

Naquele tempo, num domingo à hora da missa, quem ousaria rejeitar a visita de um arcebispo? Tarso e eu deixamos de novo o Palácio, logo adiante vimos a saída das primeiras viaturas do jornal para distribuir a edição extra e voltamos aos bancos da praça, à saída da Rua Espírito Santo, junto à catedral, à espera. Demorou, mas finalmente apareceu o Chevrolet preto, ano 1941, com placa especial do arcebispado. No volante, o coadjutor da cúria; a seu lado, dom Vicente, rumo ao quartel-general.

Só dias depois, quando a crise tomava outros rumos e definia outras direções, soube-se do encontro dos dois, nunca porém do que conversaram. Mas só pode ter sido sobre "a normalidade e a paz", pois o rígido dom Vicente tornou-se mais dúctil. Disse até algumas palavras em público, outras aos jornais, todas num tom hábil, a favor da paz e contra o uso das armas. "Em tempo de guerra, mentira é como terra!", gostava de repetir e pouco ia além disso. Quando Brizola mandou colocar metralhadoras antiaéreas na cripta (ainda em construção) da catedral, ele foi ao Palácio queixar-se ao vizinho. Para evitar o agitado burburinho do gabinete, o governador mandou que o major Emílio Nehme e a guarda palaciana o levassem, educadamente, à ala residencial, onde a esposa de Brizola o recebeu:

– Dona Neusa, diga ao seu marido que não é preciso botar essas metralhadoras. Não se preocupe. Se ameaçarem bombardear, eu seria capaz de me sentar à porta do Palácio, ao seu lado e ao lado do governador, para evitar violências.[6]

As metralhadoras continuaram na cúpula, na época o ponto mais alto do centro da cidade. E Brizola tomou as palavras do arcebispo, condimentou-as com o colorido do seu estilo coloquial e, depois, no aceso do perigo, soltou no rádio:

– O arcebispo dom Vicente veio dizer à minha mulher que, se tentarem bombardear o Palácio, ele será o primeiro a ficar no portão, junto conosco, sentado numa cadeira...

Talvez por isto o arcebispo insistisse em repetir que "em tempo de guerra, mentira é como terra", mesmo que a pronúncia dos dois "r" lhe saísse pelos lábios como peso na garganta.

Dom Vicente jamais contou em público ou à imprensa o que conversou com o general Machado Lopes. Seu estilo comedido o distanciava das indagações de jornalistas, de políticos ou de quem fosse. Além disso, meio século atrás, os prelados católicos desfrutavam de uma espécie de imunidade tácita ou respeito solene, quase santifical. Não se cumprimentava um bispo apertando-lhe a mão, mas beijando-lhe o anel. Até os mais empedernidos anticlericais inibiam-se em fugir à regra e, por isto, preferiam não ver nem tratar com "gente de batina". O *aggiornamento* do Papa João XXIII tardou em chegar ao episcopado brasileiro e, naquele 1961, só uns poucos, como dom Hélder Câmara, entendiam e punham em prática as decisões de abertura ao mundo e à vida do Concílio Vaticano II da Igreja Católica.[7]

– 4 –

Passaram-se quase vinte anos até que se conhecesse uma fresta da visita de dom Vicente Scherer ao general José Machado

---

6. Relato de Neusa Goulart Brizola ao autor, em Montevidéu, em 1965.

7. Dom Hélder, então bispo auxiliar do Rio de Janeiro, foi o primeiro a não permitir a beijoqueira do anel nem o tratamento de "dom", em reverência. Era apenas "padre Hélder". Elevado a arcebispo de Recife, em 1964, isto foi o pretexto inicial para que a direita católica o tachasse de "comunista".

Lopes, naquele domingo em que o III Exército se mobilizava à espera do que decidisse o ministro Denys em Brasília. Uma fresta apenas, mas suficiente.

O próprio Machado Lopes, já na reserva e no posto de marechal, referiu-se ao episódio em seu livro *O III Exército na crise da renúncia de Jânio Quadros*, publicado em 1980. Parco em detalhes, o que narra, no entanto, leva a entender e situar aquele tumultuado domingo:

> Às 11h30m recebi, em meu gabinete, a figura austera de S. Eminência o Arcebispo de Porto Alegre, dom Vicente Scherer, que se mostrava preocupado com a situação e pedia-me que intercedesse junto ao Sr. ministro da Guerra para que fosse evitada uma luta fratricida iminente.

Logo, transcreve o "radiograma cifrado" que enviou ao ministro Denys:

> Fui procurado Arcebispo dom Vicente Scherer pedindo transmitir apelo V Excia solucionar crise dentro lei empossando João Goulart, a fim evitar guerra fratricida. Situação grave.[8]

Tenso talvez em função da "situação grave", o general Machado Lopes equivocou-se quanto ao horário da visita do arcebispo. A não ser que tenha ficado à espera no gabinete, ou que tenha aguardado na rua até que liberassem o trânsito a seu automóvel, dom Vicente não poderia levar quase duas horas e meia para chegar ao quartel-general, um trajeto de quinze quarteirões na cidade quase deserta.

Finalmente, naquele ambiente de desconfiança e prisões país afora, com as rádios fechadas e a liberdade de informar ceifada, o lúdico havia triunfado sobre a realidade das tropas na rua, que ocupavam parte do centro da cidade. E o que é o lúdico, senão a paz?

Sem que quiséssemos nem planejássemos ou sequer pensássemos, a imponência do poder militar-clerical tinha se

---

[8]. Na versão original dos radiogramas, transmitidos em código Morse, por toques, não há sinais de pontuação: para significar vírgula, aparece *vg*, enquanto *pt* é ponto.

curvado à improvisada galhofa de dois jovens que, em verdade, estavam apenas cansados e sem dormir. E que, para continuarem despertos, apelaram ao riso. Afinal, eu tinha 27 anos, "um idoso" para os 19 anos do meu companheiro de façanha...

No dia seguinte, no entanto, logo após a visita do comandante do III Exército ao governador, quando parte da tensão se dissipou, dom Vicente enviou aos jornais uma declaração escrita:

> Ontem, quando mais se temia uma perturbação da ordem pública e uma luta fratricida, entrei em contato com o governador e o comandante do III Exército no intuito de evitar que a população sofresse as consequências trágicas de uma guerra civil. Também declarei-me a favor de uma solução dentro da ordem legal. [...] Deverá assumir o governo da República aquele que, segundo a lei constitucional, tiver direito de fazê-lo. Manifestei-me, portanto, contrário a uma solução imposta pelas armas.

– 5 –

"Situação grave" – dizia o general no radiograma cifrado ao ministro da Guerra. Por que "grave" se, àquela hora, apenas tinha começado a circular a edição extra da *Última Hora* e a única mobilização visível era a ocupação dos pontos vitais da cidade pela Brigada Militar? Pelo rádio, Brizola prometera resistir, mas as emissoras que transmitiram suas palavras foram fechadas facilmente, acatando a ordem. Ainda não havia barricadas no Palácio e a praça contígua estava vazia e desimpedida. E a cidade, tranquila.

Mas o Exército talvez começasse a fervilhar como caldeirão a fogo lento. O próprio Machado Lopes transcreve, em seu livro, parte dos radiogramas trocados com alguns de seus generais ou recebidos de Brasília e ali aparecem sinais de inquietação. Primeiro, no dia da renúncia, o general Pery Bevilacqua – em nome da guarnição de Santa Maria – pediu que Jânio Quadros reconsiderasse sua decisão e reassumisse o cargo "como presidente legítimo, contra forças antagônicas de qualquer origem".

Machado Lopes respondeu mandando que o comandante da poderosa 3ª Divisão de Infantaria calasse a boca:

> Recomendo evitar manifestações pessoais ante fato consumado, pois a presidência está legalmente exercida pelo sr. Ranieri Mazzilli.

Como terá reagido Pery Bevilacqua, militar de rígida formação, alheio aos grupos partidários existentes no Exército e ligado ao marechal Teixeira Lott, ante outro radiograma que Machado Lopes recebeu e retransmitiu aos comandados?

No início da madrugada do sábado, 27 de agosto, o ministro da Guerra, Odilo Denys, comunicou ao comandante do III Exército:

> Elementos comunistas Congresso estão perturbando encontro situação legal crise decorrente renúncia Presidente. Marechal Lott envolvido por tais agitadores lançou manifesto subversivo forçando o ministro da Guerra determinar sua prisão. Ministro pretende defender instituições e manter a Lei e a Ordem em todo País, mesmo que para isso tenha que impedir posse Jango.

Em termos militares, há os que mandam e os que obedecem, e, portanto, tudo já estava decidido e comunicado: "impedir a posse de Jango". Que desdobramentos subterrâneos vinha tendo tudo isso, porém, para que Machado Lopes, ao comunicar a visita do arcebispo, tenha escrito "situação grave" ao seu chefe? Estaria preocupado (ou se indagando) de que o tom incisivo de "resistência", por parte de Brizola, pudesse ir além dos limites do Sul para chegar às Forças Armadas?

Ainda na madrugada, muito antes da visita do arcebispo, o general Machado Lopes tinha comunicado ao ministro da Guerra, num radiograma:

> Governador Brizola declarou-me resistirá contra ação impeça posse João Goulart. Coordena ação Brigada Militar nesse sentido. Tenho percebido grande número oficiais ideia ser mantido princípio constitucional, inclusive comandantes 3ª Divisão Infantaria e 1ª Divisão Cavalaria. Todas unidades

cumprindo ordens manutenção ordem pública. Situação tensa porém calma todo III Exército.

A resposta imediata do ministro Denys, em radiograma:

[...] Conveniente chamar e reter PAlegre qualquer pretexto comandantes 3ª Divisão Infantaria e 1ª Divisão Cavalaria.

A hierarquia e o poder de mando não deixavam transparecer a oculta situação militar. Mas, fosse qual fosse, o encontro da batina com a farda mostrava um Machado Lopes obediente aos seus chefes, mas incorporando às suas apreciações um outro elemento – a opinião transmitida pelo arcebispo, de "solucionar a crise dentro da lei". Ideia idêntica à dos generais Pery Bevilacqua e Oromar Osório, que o próprio ministro Denys já conhecia.

Não era isto que pregava Brizola na madrugada?

Capítulo IV

O combate no ar

– 1 –

A edição extra da *Última Hora* esgotou-se por volta do meio-dia, mas poucos exemplares chegaram ao interior do Estado. Lido com avidez, cada jornal passava de mão em mão entre vizinhos e parentes, como denúncia e alerta. Mas esse efeito multiplicador era insuficiente: a leitura dos domingos estava reservada, ainda, ao tradicional *Correio do Povo*, onde jamais apareceria algo concreto sobre o golpe de Estado, ou sobre as denúncias do marechal Lott e do governador.

Continuavam a chegar ao Palácio notícias inquietantes sobre o III Exército. Num recado breve, quase enigmático de tão conciso, o coronel Argemiro Assis Brasil (um nacionalista de esquerda que tinha chefiado a 2ª Secção, o Serviço Secreto) informou haver "ordens superiores" para deter "o ímpeto de Brizola". Foi fácil entender o que seria isso: a movimentação de tropas era visível a olho nu na cidade desnuda do domingo. Só a população mobilizada poderia conter o poder das armas. Como, porém? Havia só um canal da incipiente TV e poucos telespectadores. O rádio era o instrumento de comunicação direta, mas a única das grandes emissoras no ar, a Rádio Guaíba, esmerava-se nas músicas e silenciava nas notícias. Parecia querer mostrar que nada tinha a ver com "a subversão" das duas outras, fechadas na madrugada por ordem direta do chefe do Estado-Maior do III Exército. A única notícia no ar com leve perfume de política era o comunicado do Conselho Regional dos Desportos suspendendo o Gre-Nal "em vista da gravidade da situação nacional", lido de trinta em trinta minutos em espaço pago pelo governo estadual. A Rádio Guaíba, propriedade de um dos adversários do governador, calava-se e jamais transmitiria nada do que ele dissesse.

No meio da manhã, Brizola teve a ideia: requisitar a emissora. O secretário do Interior e Justiça, Francisco Brochado da Rocha, argumentou com as minúcias do jurista que era:

– Não podemos. Rádio é concessão federal e não temos competência para requisitar. Seria ilegal!

O secretário de Obras Públicas, João Caruso Scuderi (hábil advogado e que, antes, fora secretário de Justiça), deu a solução:

– Se é ilegal, eles que apelem à Justiça e discutam em juízo. Enquanto isto, nós vamos adiante!

(Era a arma tática que faltava! Nesse 1961, o rádio portátil, lançado há pouco, estava em pleno apogeu, quase um acompanhante obrigatório no cotidiano das pessoas.)

Rápido, Brochado da Rocha dita, então, os termos da requisição e, em dez minutos, a "ordem" está datilografada e assinada.[9] O secretário da Fazenda, Gabriel Obino, é quem vai executá-la: foi amigo de infância do "Dr. Breno" e é primo de João e Alfredo Obino, gerentes dos seus jornais e que os reergueram financeiramente. É decidido e tranquilo. Sempre que sua persistente calma e paciência chamam a atenção, ele põe a mão na cabeça calva e, sorrindo, repete com orgulho: "Sou um psicanalisado, com sete anos de terapia!".

– 2 –

Aí está, portanto, a pessoa ideal, mas... e se Breno Caldas recusar-se a entregar a emissora? Ele não é homem de ter capangas; ao contrário, é fino e educado, mas é um oligarca, o civil

---

9. O secretário privado do governador, Hélio Fontoura, taquigrafou e datilografou a "ordem" (pondo a emissora à disposição da Secretaria de Segurança Pública) numa máquina elétrica. "Tudo bonito e caprichado, para o Breno Caldas se deliciar", dizia Brizola.

mais poderoso do Rio Grande do Sul, cioso de si e de tudo o que tem: jornais, rádio, extensos arrozais, fazendas de gado, haras de cavalos "ingleses" e outros penduricalhos. Pacato e conservador, seu lado aventureiro é velejar mar adentro em seu *yatch* oceânico, um dos mais velozes do país. Mas...

Para cumprir a missão, Gabriel Obino é acompanhado pelo chefe de Polícia, Joaquim Porto Villanova, e (mais do que tudo) por seis soldados da Guarda de Choque. Outros nove ficam na rua, junto à porta, a três quarteirões dos quartéis do Exército, no centro da cidade. Quepe vermelho, blusão e culotes amarelos enfiados nas botas pretas, constituem um grupo fardado da Polícia Civil, treinado para ações rápidas.[10] Antes, dispersavam greves, manifestações comunistas ou de reivindicação e protesto e, há anos, estão inertes, quase sem função. Mas conservam a fama de violentos trogloditas e assustam até pelo quepe vermelho, pelo qual os chamam de "cardeais". Treinados para a obediência, sabem obedecer. Chegam com Obino (ele, um passo à frente) e ocupam o saguão da emissora, metralhadoras em punho.

Se as duas outras grandes emissoras não tivessem sido fechadas e continuassem isentas, talvez jamais surgisse a ideia da requisição. Mas só havia a Rádio Guaíba, que seguia no ar por não ter transmitido o pronunciamento de Brizola. E, paradoxalmente por isto, por funcionar, era requisitada pelo governo e seria seu porta-voz. Seria a Rádio da Legalidade.

– 3 –

Meio século depois, em 2011, o técnico em transmissões externas da Rádio Guaíba, Celso Costa, recorda em detalhes de como passou pela Guarda de Choque ao ser chamado ao gabinete do diretor e dono da emissora, onde encontrou o secretário da Fazenda. Tinha trinta anos de idade e, sem saber que

---

10. Na acepção atual, uma "tropa de elite", disposta a tudo. Tiveram seu auge no governo de Walter Jobim (1947-1951), quando (entre outras façanhas) destruíram, em Porto Alegre, as oficinas do jornal *Tribuna Gaúcha*, do PCB, após o fechamento do Partido Comunista.

o Gre-Nal fora adiado, lá estava para preparar a transmissão da partida, mas terminou transferindo a rádio para os porões do Palácio. Tudo concentrou-se nele nas primeiras doze horas, pois o engenheiro Homero Simon, diretor de comunicações da emissora, tinha ido ao enterro da mãe no interior do Estado.

Com Obino a seu lado, Breno Caldas parecia tranquilo, em contraste com o inconformismo de dois diretores da emissora (o gerente Flávio Alcaraz Gomes e o locutor Mendes Ribeiro) e, ali mesmo, deu ordens para o técnico de transmissão "transferir os estúdios para o Palácio, o mais cedo possível". A comunicação radiofônica devia estabelecer-se diretamente de lá à antena transmissora, na Ilha da Pintada, a doze quilômetros rio adentro, sem passar pelos estúdios. Ninguém seria obrigado a permanecer no Palácio e, feita a transferência, "quem quiser sair, que saia", explicou Breno Caldas.

Tudo foi rápido e fácil. Dali, os quinze homens da Guarda de Choque foram à Ilha da Pintada e Celso Costa rumou para o Palácio. Na segunda-feira, o presidente Jânio Quadros instalaria o "governo itinerante" em Porto Alegre e lá já havia duas "linhas telefônicas permanentes": foi preciso apenas provar o funcionamento. Depois, levou à sede da Companhia Telefônica Rio-Grandense um ofício do governador requisitando uma linha de distribuição direta à Ilha da Pintada.

"Peguei um amplificador de som na rádio e um toca-discos e meu próprio aparelho receptor e, por volta das 14h30 a emissora já estava instalada nos porões, na secretaria de Imprensa. Hamilton Chaves e o capitão Nique fizeram um teste e, em seguida, deram o microfone ao locutor Naldo Freitas, que anunciou – 'Esta é a Rádio da Legalidade, transmitindo dos porões do Palácio Piratini, na capital do Rio Grande do Sul'. Coloquei hinos e marchas militares no toca-discos e o locutor anunciou que, em poucos minutos, Brizola faria 'importante comunicação ao povo do Rio Grande e do Brasil'. Logo, chegou Brizola e começou a falar", relembra.[11]

---

11. Entrevista de Celso Costa ao autor, em junho de 2011.

– 4 –

Começava algo novo e surpreendente. Essa arma é tão inesperada que dá nova dimensão a tudo. Vai a todos os lugares, penetra nos quartéis, sensibiliza até a quem não tenha um aparelho de rádio. O transístor tinha recém se implantado e o "radinho" de pilha começava a popularizar-se, fazendo a palavra de Brizola chegar ao inalcançável, como torrente permeando a rocha dura.

"Isto é um golpe e vamos resistir ao golpe de Estado", diz Brizola. O chamamento é tão firme quanto o da madrugada, mas o tom dramático acentua o compromisso de resistir "aos desvairados que querem levar o país à guerra civil sangrenta". Apela à união "de todo o povo" e diz que sugeriu a Jango que volte imediatamente para "assumir o governo, como manda a lei". Não há arroubos, apenas firmeza. Informa que fala dos porões do Palácio e que dali irá resistir. O pronunciamento é breve, doze minutos, suficientes, porém, para mobilizar cada um em cada setor.

Espera-se o ataque e o governador conclui rápido.

– 5 –

Onipresente, Brizola não se limita a falar. Enquanto a Rádio da Legalidade toca hinos, marchas ou músicas gauchescas e conclama o povo a defender a Constituição e a lei, ele continua ao telefone, tentando encontrar Jango Goulart algures e alhures pelo mundo. Onde estaria o vice-presidente? De Xangai, seu último ponto na China, viajou a Cingapura, mas já saiu de lá. Deve estar em Zurique ou Paris neste domingo, mas onde encontrá-lo? Seria preciso, pelo menos, dizer-lhe que volte rápido ao Brasil, como o próprio Brizola contou na Rádio da Legalidade que lhe havia dito. É impossível revelar que Jango ainda não foi localizado pelo telefone. A verdade ecoaria como desdém do vice-presidente por tudo o que ocorre no Brasil em função dele – tanto dos que querem prendê-lo à chegada, quanto dos que querem que se cumpra a Constituição e que ele assuma a presidência. Portanto, o melhor é calar-se.

Mas é preciso dizer que conversou com Jango e, até, que dele ouviu a resposta que todos nós esperamos: "Volto para assumir ou morrer!". A frase não é dele, mas não é uma mentira.

(Esta frase será a manchete garrafal da *Última Hora*, dias depois, transmitida ao telefone internacional por João Etcheverry, que acompanhara Jango à China e à URSS. Não foi inventada, mas tampouco saiu assim dos lábios de Jango. Foi resumida, ou interpretada, pelo jornalista Etcheverry quando Jango lhe disse em Cingapura, ao saber da renúncia em Brasília: "Ao voltar, corro até o risco de ser morto".)

– 6 –

Sem ter conversado com Jango, tem que mentir e dizer que já conversou. Falou por telefone com três generais, mas tem que ocultar. Os três têm tradição nacionalista e antigolpista e Brizola tenta a grande cartada. De cada um deles ouve o mesmo: o veto à posse de Jango é concreto e os ministros militares impedirão a posse. O general Antônio Carlos Muricy, chefe do Estado-Maior do III Exército (Paraná, Santa Catarina e Rio Grande do Sul), já prepara, até, o plano de ação para "subjugar" o governador.

Subjugar? Sim, "subjugar" ou algo semelhante – eis a ordem que Muricy recebeu no fim da semana e já começou a cumprir. O chefe do Estado-Maior é o núcleo e a clave de tudo: prepara as operações, dispõe sobre o movimento de tropas, as armas e as provisões. O comandante do III Exército, de fato, limita-se a levantar a mão e deflagrar a ordem. E a ordem será o ataque.

O governador ainda não sabe disto. Intui e desconfia, porém, e não se descuida da área militar. Por sugestão do marechal Lott, telefonou ao general Pery Bevilacqua, comandante da estratégica 6ª Divisão de Infantaria, em Santa Maria, nó ferroviário no centro do Estado. Foi bem recebido: o general quer o respeito à Constituição e dirá isto ao Comando. Em Porto

Alegre, o general Sílvio Santa Rosa comanda apenas uma brigada, mas deu indícios de que é legalista. Ainda no sábado, num aviãozinho Cessna, o governador enviou a Santiago do Boqueirão o coronel Roberto Osório (professor da Escola de Cadetes), para levar ao general Oromar Osório, seu tio, uma pergunta que Brizola não ousa fazer por telefone:

– Aceita mobilizar tropas para resistir?

Conhecido por suas posições nacionalistas, Oromar fora retirado meses antes da área de decisão político-militar e removido para esse distante povoado do pampa, na região da fronteira sul do Brasil, como "castigo". Lá, solitário, ele comanda a 1ª Divisão de Cavalaria que, desde que foi criada, se prepara com tenacidade para "a hipótese de guerra com a Argentina". Por isto é bem armada e tem planos de combate sempre atualizados. Lacônico e direto, o general responde:

– Mande-me trens e caminhões que transportem soldados e cavalos e eu tento chegar a Porto Alegre antes que outros cheguem!

O que farão os cavalarianos de Oromar Osório na Capital, no entanto, contra os tanques do quartel do bairro da Serraria? Ou contra os canhões e metralhadoras pesadas do Regimento de Artilharia?

Não importa, requisitem-se os trens! Antes que a requisição da Viação Férrea do Rio Grande do Sul se formalize, chega o alerta dos motociclistas-espiões da Polícia Rodoviária que percorrem a cidade: tropas do Exército se movimentam pelas ruas. A infantaria se concentra junto ao quartel-general e o regimento de artilharia também se mobiliza.

São os indícios do ataque. A Rádio da Legalidade toca hinos e marchas. (Dos quatro ou cinco discos disponíveis, o hino dos *mariners* dos Estados Unidos ecoa sem que ninguém saiba que é o canto de guerra de gente estranha.) Enquanto Naldo Freitas vai ao banheiro, Hamilton Chaves lê ao microfone o comunicado de Brizola do primeiro dia, em favor da Constituição e da lei, brando e desatualizado face ao ataque iminente. É o único texto à mão. Passam os minutos. Não há nada mais a ler. Ele improvisa apelos e palavras de ordem. Tudo e todos estão concentrados na defesa do Palácio. Os dois se revezam, então, na leitura de tópicos da edição da *Última Hora*. Eles são os únicos a permanecer na rádio, além de Celso Costa no controle e suporte técnico. Todos nós subimos ao térreo do Palácio, revólver 38 em punho e nos postamos às janelas. Com sacos de areia, os brigadianos armam barricadas nos portões e na calçada.

É o ataque! Por onde atacarão o Palácio, por onde será o ataque para calar Brizola?

– 7 –

Soldados da Brigada pedem que a multidão na praça se disperse. Num grupo de sete ou oito, uma moça de olhos indígenas e um jovem baixo e magricela carregam uma faixa – "O Rio Grande resistirá" – e teimam em não arredar pé. Querem resistir assim, empunhando a faixa. Pacientes, os soldados com suas pesadas túnicas de lã suam – literalmente suam – para tirá-los dali. Conheço e reconheço os dois. A moça de rosto indígena é Eva Lacy Camargo Martins, comunista. O baixinho é Tapir Rocha, trabalhista.

Por fim, todos saem rumo ao viaduto, de onde se descortina a cidade. A praça vazia será campo de batalha. "Eles estão vindo!", avisam os motociclistas-espiões voltando ao Palácio. "Por onde?" – indagam os sete ou oito das faixas. "Uns pelo porto, outros lá por baixo!", informam os motociclistas. E o grupinho, desfraldando faixas como bandeira ao vento, corre ladeira abaixo.

Descem a rua íngreme. Alguns se postam no Cinema Capitólio, outros escalam o portão da sinagoga do Centro Hebraico e divisam jipes do Exército vindos pela rua dos fundos do Palácio. Catedral e Palácio ficam lá no alto (no cimo do que já foi um morro e hoje nem se nota) e as árvores impedem de ver o que haja na rua. Lentos, os jipes avançam. Nem com os binóculos do pelotão postado na cúpula da catedral é possível vê-los lá de cima. As antenas de rádio das viaturas, porém, são visíveis a quem esteja na linha do horizonte, mesmo de longe. É o ataque e tudo aquilo – jipes e antenas – só pode ser o pelotão de vanguarda que vem reconhecer o terreno e informar para acertar os detalhes finais do ataque. Ou, até mesmo, uns malucos fardados, de direita, dispostos a invadir o Palácio.

– 8 –

Mudos, arma em punho, esperamos pelo ataque. Nesse domingo 27 de agosto, somos ainda poucos dentro do Palácio Piratini quando chega a informação de que forças do Exército "vão atacar". Dão-nos armas. A guarda palaciana e os oficiais da Brigada ficam com os poucos fuzis e metralhadoras. Aos civis, apenas revólveres. Brizola é o único não fardado a empunhar uma metralhadora. Abre a janelona do seu gabinete, no andar superior, ao lado da catedral, e ali toma posição com a metralhadora portátil Ina, que aprendeu a manejar horas antes. Seu secretário particular, Hélio Fontoura, vai para a janela da frente com uma arma de caça (que trouxe de casa), cano 12, daquelas que espalham fragmentos de chumbo. Atentas aos telefones na antessala, só as secretárias Marfisa Palma e Arlete Fontoura estão desarmadas.

Multiplicam-se as barricadas de sacos de areia. Na Praça da Matriz, já se dispersaram as milhares de pessoas com faixas e cartazes contra o golpe – triplicadas após a convocação de Brizola pelo rádio. Houve protestos. Muitos queriam ficar, esperar o ataque ali, com pedras ou com gritos resistir, agachados entre as árvores, ou atrás dos bancos arrancados da praça e levados à rua como escudos.

No Palácio, a rapidez supera a improvisação. No terraço, com oito metralhadoras ponto 30, o coronel Átilo Escobar dirige a defesa mais importante. A parte externa e o andar superior são responsabilidade exclusiva da Brigada. O térreo é entregue aos civis, em boa parte jornalistas. Nossa munição é escassa e temos apenas revólveres. O tenente-coronel Alfeu Monteiro, da

Aeronáutica, comanda a ala esquerda, junto à Assembleia Legislativa. A seu lado o chefe da Casa Civil, Ney Britto, com um revólver em cada mão. Postei-me à imensa janela da ala direita, no lado da catedral, junto ao comandante do setor, capitão Walter Nique, o único fardado daquele flanco.

– Se me acertarem, tu assumes! –, disse-me ele, mostrando-me o cinturão com dezenas de balas da pistola automática 45 mm, símbolo de comando naquele ambiente de penúria de armamento e que só a espontaneidade, o romantismo ou nossa generosa inexperiência de guerreiros conseguiam superar. (Dias antes, no início de agosto, ele e eu tínhamos assistido a reunião da OEA, em Punta del Este, no Uruguai, onde *Che* Guevara nos extasiou com o que dizia sobre independência e soberania nacional. Não pensávamos nisso, mas isso nos tinha aproximado e talvez explicasse o seu gesto de me "delegar o comando", se algo lhe ocorresse.)

Pensávamos apenas no momento seguinte, esquecidos do resto. Só não me esqueci da janela oval: virei o torso e, no cimo da escada, vi o soldado da Brigada Militar debruçado sobre o parapeito, com o velho (e intacto) fuzil do início do século apontando para a esquina da praça. Somos mais de cinquenta ali e, no outro flanco, outra meia centena. Sinto um toque no ombro e uma voz pronunciando meu sobrenome. É um contemporâneo de vida universitária que me estende a mão: "Peço desculpas por minhas velhas críticas e desavenças!", me diz Ney Moura, que fora meu amigo e, depois, na faculdade, tinha se tornado um adversário impenitente quando eu presidia a União Estadual de Estudantes e ele, com outros, me acusava de "receber ordens de Moscou". Essa infantilidade já não tem guarida; agora ele é procurador do Estado e sabe que a verdade é outra. Revólveres na mão esquerda, ambos nos damos outra vez a mão direita.

– 9 –

Postados à janela, seguimos à espera. A praça está em silêncio, também o Palácio. Tudo está em silêncio e isso só aumenta a tensão. Ninguém do grupo jamais esteve num combate nem sequer num tiroteio. E, a não ser em casos isolados, ninguém treinou pontaria. Qual o alcance de nossos revólveres? Atravessarão a rua e chegarão à praça? Nossa arma é o revólver ou a coragem? O silêncio é enervante. Se houvesse alarido ou gritos, iríamos nos sentir melhor, pelo menos acompanhados de sons. Quando, no entanto, alguém faz uma pergunta em voz baixa, outro alguém (talvez o capitão Nique) pronuncia um "isch isch" com os lábios entreabertos, mandando calar, pois há que estar atento a qualquer ruído, até ao do vento sobre as árvores da praça. Mas nem sequer há vento. E até isto perturba! O silêncio lembra morte e é perturbador por isto. Ou perturba pelo inesperado? A espera vira expectativa multiplicada no silêncio.

Tudo é silêncio. Se houvesse moscas, ouviríamos o zumbido! E as moscas podem aparecer: pouco a pouco, um odor acre e conhecido vem lá da terceira ou quarta fileira e se expande à medida que os minutos passam e a ansiedade cresce. O vapor pestilento aumenta, os gases perpassam o salão amplo em busca da janela. Na aflição da espera, alguém esvaziou os intestinos ali atrás, ali mesmo e em si próprio, espremido entre o dilema de ser atacado e atacar. Terá sido pelo nervosismo aflito e incontrolável do medo? Não importa! Seja quem for e pelo que for, mesmo assim poderá disparar, ser atacado e defender-se. E atacar. Poderá até ser herói, repelir os que nos vêm agredir. Ou poderá ser morto.

Qualquer que venha a ser o resultado desse entrevero, ninguém irá examinar as cuecas de ninguém. Nem dos vencedores nem dos vencidos. Só o silêncio da morte tem esse poder. E um morto será sempre um herói, seja qual for a cor das cuecas.

– 10 –

Tensos e tesos, quase imóveis, ficamos à espera por mais de uma hora. De súbito, um ruído forte: dois motociclistas-espiões voltam ao Palácio com a notícia de que a tropa do Exército dispersou-se e está acampada na rua, próxima ao quartel-general, relaxadamente descansando. Os soldados estão sentados nos paralelepípedos, não mais "em formação" como antes. Só os sentinelas portam armas. Três ou quatro canhões leves apontam para o rio, não mais para o Palácio.

Já não há perigo de ataque iminente e o alívio é geral. Todos se desmobilizam. E nos desmobilizamos.

O que terá ocorrido para essa mudança tática?

– 11 –

Não eram mais de vinte ou trinta. As faixas e os gritos, porém, e, mais do que tudo, o nervosismo com que saíram da praça pensando no ataque ao Palácio ou o ímpeto com que correram ladeira abaixo, os transformava em multidão. E foi assim, como multidão, que o grupo enveredou em direção aos jipes verdes do Exército e suas antenas oscilantes, ali pelos lados do Cinema Capitólio.

Até hoje, não se sabe quem arrancou os fios do rádio transmissor e, no puxão, derrubou o capacete do major ou capitão, que pulou do primeiro veículo e começou a berrar. Mas, aí então, o grupo berrou também – "recua, recua, volta ao quartel, volta ao quartel" –, como se houvesse ensaiado e aquilo fosse o coro de moderna tragédia grega transformada em coisa real, com gente fardada e armada encurralada na rua por civis desarmados, homens e mulheres sem nada nas mãos, a não ser as faixas.

Os jipes armados formam a patrulha de vanguarda, em exploração do terreno. Seu comandante, o major Leo Etchegoyen, é um oficial de elite, daqueles de velha cepa, desde criança destinado à vida militar. Seu pai, o general Alcides Etchegoyen, morreu em 1956, mas continua, em 1961, como um dos guias políticos do setor de direita do Exército. Gaúcho e decidido, oficial de Artilharia e admirador dos Estados Unidos, o general presidiu o Clube Militar em 1951 e proibiu que de lá prosseguisse a campanha "o petróleo é nosso" (que levou à criação da Petrobras), por ele considerada "mera agitação e propaganda comunista".

O filho é tão decidido quanto o pai. Nesse domingo, pode até que se tenha apresentado como "voluntário", aos generais

Machado Lopes e Muricy, para chefiar a patrulha que se dirige ao Palácio, talvez para acertar os detalhes finais do ataque. Ou, até mesmo, para pretender entrar Palácio adentro. Motivos não lhe faltam para ser assim tão destemido, inclusive por amor filial. O jovem major deve detestar o marechal Lott, que em 1955 demitiu seu pai do estratégico posto de inspetor da artilharia antiaérea e, logo, mandou prendê-lo por envolvimento na tentativa de impedir a posse de Juscelino Kubitschek e João Goulart como presidente e vice-presidente. Prisão branda, num quarto do Hospital Militar, no Rio, mas "ultrajante" para a liderança do general Etchegoyen na direita militar. Ideologicamente, o filho segue o pai (anticomunista ferrenho) e, já que Jango Goulart acaba de visitar Moscou e Pequim, mecas do comunismo, também deve estar contra sua posse na Presidência...

A "multidão" de quarenta ou cinquenta moças e rapazes impede a passagem e discute com o major e os sargentos. As palavras são duras, mas tudo se reduz a exigir que retornem ao quartel. Leo Etchegoyen aceita discutir, mas – naqueles jipes armados – como vai simular que está em missão de paz numa tarde de domingo? Os jipes dão meia-volta e retornam ao quartel. A "multidão" grita e aplaude.

Não há anotação oficial sobre o episódio, pelo menos nos documentos acessíveis aos civis. Mas, como não relacionar a meia-volta da patrulha com a não conclusão do ataque ao Palácio? A partir do retorno forçado da patrulha, o comando do III Exército percebeu que não se defrontaria apenas com Brizola e a Brigada Militar rio-grandense, mas com outro obstáculo – a multidão. Mais ainda: com a multidão mobilizada pela imprensa e, mais do que tudo, mobilizada pelo rádio.

O ataque não se concretizou. Mas a expectativa e a espera marcaram o momento mais duro e angustiante do Movimento da Legalidade.

(Só agora, meio século depois, percebo algo curioso: no grupo à janela do Palácio, estávamos todos de traje e gravata. Só o capitão Nique estava sem túnica, mas retinha na cabeça o quepe de oficial brigadiano. Íamos ao combate como se fôssemos a uma festa!)

Capítulo V

Da ilha aos tanques

– 1 –

Numa operação militar, a definição da estratégia e da tática de combate depende, sempre, da força e capacidade do inimigo. Em parte, é o "lado de lá" que define o que fará o "lado de cá", e vice-versa. O assalto ao Palácio não se concretizou, mas o comando do III Exército continuou a atacar.

Ao final da tarde, começam as interferências na Rádio da Legalidade. O chefe de Comunicação e Fonia do III Exército é o hábil major-engenheiro Álcio da Costa e Silva, também filho de gaúcho e general. Seu pai, Artur da Costa e Silva, comanda o IV Exército, em Recife, e quando Brizola o chamou por telefone, no sábado, para saber de que lado estava, a resposta foi seca: "Os assuntos do Exército são dos militares, não dos paisanos. Não me telefone mais, governador!". Com isto, definiu-se. O filho Álcio definiu-se montando, em poucas horas, um poderoso sistema de interferência que, ao anoitecer daquele domingo, tornou quase inaudível a Rádio da Legalidade.

– As interferências vinham da zona do cais, onde estavam o QG do III Exército e a aparelhagem da fonia. Além disso, telefonavam aos operadores da torre na Ilha da Pintada mandando parar as transmissões –, relembra Celso Costa, que montou a emissora no Palácio e nela trabalhou ininterruptamente as primeiras trinta horas.

Mas a rádio transmitia em várias frequências, em onda larga e curta, e a interferência tornou-se apenas parcial. A única forma de impedir a palavra de Brizola era invadir a ilhota do rio Guaíba e ocupar os transmissores. Ou "tirar o cristal", silenciando a rádio. Um contingente da Brigada Militar, com três metralhadoras pesadas, tinha substituído a Guarda de Choque da polícia e guardava agora os transmissores e a torre.

O general Muricy, chefe do Estado-Maior do III Exército, preparou então um plano de ataque por água e outro por terra, pela ponte. O primeiro fez-se inviável depois que dois sargentos e um cabo, numa canoa e disfarçados de pescadores, viram uma metralhadora apontada para o rio na cumeeira do prédio da ilhota. Restou a invasão por terra. Na presença de Muricy, no gabinete do comando, o general Machado Lopes deu pessoalmente a ordem de execução ao capitão Pedro Américo Leal, da Companhia de Guardas, tropa de elite, na qual os recrutas mais baixos mediam 1,85 m. Retirados da cama por volta das 23h, a leva inicial embarcou num caminhão para cruzar a ponte e, lá, aguardar o contingente final e o capitão.

O chefe e o segundo grupo, porém, nunca saíram do quartel: uma ordem do general Machado Lopes (transmitida por telefone e, logo, pessoalmente por um oficial) cancelou a invasão.

(Quase trinta anos depois, o já então coronel Pedro Américo Leal atribuiu o cancelamento à visita do juiz-auditor militar Lauro Schuck e do procurador-geral do Estado, Floriano Maia d'Ávila, ao comandante do III Exército: "Ao sair do QG, eles chegavam e, uns quarenta minutos mais tarde, recebi a ordem de cancelamento. Os dois é que convenceram o general. Eu ia cumprir a missão. Tinha 220 homens e 25 ferozes cães amestrados. Ia verter muito sangue, mas missão é para se cumprir", disse-me ele, no seu jeito destemido e franco, abertamente de direita).[12]

– 2 –

O caminhão militar, lotado de soldados armados, esperava o capitão e a segunda viatura ainda com mais soldados e mais

---

12. Relato do coronel (e vereador) Pedro Américo em 1993, na residência do advogado Omar Ferri, seu colega de vereança em Porto Alegre.

armas, quando o técnico da Rádio Guaíba, Celso Costa, saiu dos transmissores na ilha da Pintada, ao final da noite. Tinha ido inspecionar a torre e retirar as famílias dos dois funcionários que lá moravam, para levá-las a um hotel, por segurança. A trezentos metros, junto a um bosque, viu o caminhão (daqueles abertos, com apenas um longo banco em cada uma das laterais), entendeu o que iam fazer, parou o carro e gritou: "Lá está cheio de metralhadoras. Se vocês se aproximarem, vão morrer na hora, de um a um!".

– Eram mocinhos, todos recrutas, meninos ainda, e a maioria começou a chorar. Choravam e gritavam tanto que eu voltei a insistir em que não se aproximassem dos transmissores, liguei o auto e saí em disparada –, recorda ele agora, meio século depois.

E o capitão? E os recrutas?

– Fui dormir. Frustrado e amargurado, fui dormir! – contou-me Pedro Américo Leal, já coronel reformado. Também os recrutas foram dormir.

– 3 –

Só os recrutas. No Palácio Piratini, ninguém dormiu aquela noite. A espera pelo ataque que não houve tinha feito aumentar o nervosismo, os cuidados e a atenção pelos detalhes.

Ao entardecer, em reunião em seu gabinete, o governador ouviu um pedido estranho e inesperado do coronel do Exército Moacyr Aquistapace, secretário de Segurança Pública:

– Temos que localizar os comunistas, urgente!

Antes que algum adulador saísse correndo para prender os comunistas, explicou:

– Eles sabem fazer aquelas bombas molotov. Precisamos daquelas bombas de garrafa!

A hierarquia do PCB era como a da Igreja ou das Forças Armadas: vertical. O que viesse de cima, os de baixo cumpriam. Mas o clandestino PCB não tinha sede nem se conheciam seus dirigentes. As antigas fichas do DOPS[13] tinham sido incineradas um ano antes e não havia fichário dos *comunas*. O Exército tinha uma cópia, mas... nem pensar!

Brizola pensou, então, nos três deputados comunistas, seus colegas (e adversários) na Assembleia Legislativa, até serem cassados em 1947. Antônio Pinheiro Machado Neto, o Pinheirinho (chamado assim por ter sido deputado aos 21 anos), dedicava-se à advocacia, além de presidir o Esporte Clube Cruzeiro. Otto Ohlweiler fora professor de Brizola na Escola de Engenharia e lá continuava, tal qual Júlio Teixeira em seu escritório de advogado. Eles saberiam dos "especialistas"! Há muito, porém, os comunistas não lançavam "coquetéis molotov" na polícia. Na ilegalidade, contentavam-se em influir sem aparecer. O secretário de Justiça, Chico Brochado da Rocha, que fora adversário ferrenho dos três no Legislativo, encarregou-se de encontrá-los.

Não sei do caminho percorrido, mas à noite cinco ou seis *comunas* entraram ao prédio da Central de Polícia para "ensinar a fabricar" aquelas bombas com garrafa, gasolina e pavio ao pessoal da própria polícia...

Ramão Leal Pacheco, personagem conhecido que, nos anos 1950, de terno e gravata, gritando frases de Marx ou Lênin, vendia o jornal comunista na rua, orgulhava-se ao contar: "Fomos dar aula aos *tiras* que, antes, nos prendiam e nos batiam!".

– 4 –

Dentro do Palácio, desde o fim da tarde tudo era agitação. O ataque que não houve, em vez de nos aquietar, aumentava a ansiedade. Dos civis, quase todos éramos jornalistas, correndo dos porões ao gabinete do governador (sempre com o revólver

---

13. As fichas incineradas do Departamento de Ordem Política e Social incluíam também os integralistas, apontados como pró-nazistas durante a Segunda Guerra Mundial, e que apoiaram a candidatura de Brizola e participaram dos dois primeiros anos do seu governo.

à cintura), divididos entre a máquina de escrever e o telefone, ditando informações ao jornal ou preparando textos breves, de poucas frases, que Naldo Freitas lia na Rádio da Legalidade, às vezes em pausas mais longas que o normal para poder mastigar um sanduíche. Éramos poucos ainda naquele domingo, muito menos dos que viriam depois.

Às 19h30, recebo um telefonema do jornal, ouço e anoto o que me dizem e, mudo, redijo à máquina um bilhete. Uso linguagem direta mas cheia de cuidados (até cerimoniosa, tratando o destinatário de "V. Excia.") e corro ao gabinete de Brizola. Entrego o bilhete ao secretário particular, na antessala, peço-lhe que leia para saber da urgência e, atônito, volto aos porões.

Governador,

às 18,45 hs., pela onda de 11.765 metros, um nosso informante (que até aqui, segundo sabemos, nos tem merecido toda a confiança) captou uma comunicação entre os generais Geisel (em Brasília) e Murici (no III Exército) e na qual o chefe da Casa Militar de Brasília sugeria a sua prisão, pura e simples, sob o pretexto de "normalização da ordem pública". O fato estaria relacionado com as suas proclamações pelo rádio e a suposta ordem de prisão seria – a nosso ver – caso V. Excia. persista com as proclamações radiofônicas.

Neu e Miranda autorizaram-me a transmitir-lhe a notícia, com as devidas reservas, porém, sobre a sua definitiva autenticidade. E é o que estou fazendo.

Cordialmente

Flávio Tavares

27. 8. 61 – 19,40 hs.

Em 2001, ao pesquisar documentos oficiais para uma série de reportagens em *Zero Hora* sobre os quarenta anos do Movimento da Legalidade, a jornalista Dione Kuhn encontrou o bilhete original na pasta do acervo de Francisco Brochado da

Rocha, no Arquivo Histórico do Rio Grande do Sul.[14] Copiou-o e, quando o li, tudo reacendeu-se na memória. Lembrava-me vagamente do telefonema de Neu e Miranda, diretores do jornal, e da correria ao gabinete de Brizola, mas sem detalhes. Não entendi como a mensagem foi parar nas mãos do secretário de Justiça (talvez por ser minucioso e tudo guardar), mas o episódio ressurgiu nítido, como se abríssemos uma gaveta e lá encontrássemos o passado guardado em naftalina, como roupa de inverno com cheiro forte, mas intacto.

Brizola quis saber mais e me chamou ao gabinete. Ele de pé, aquecendo as mãos à brasa da lareira, e dois ou três secretários sentados, mais o chefe da Casa Militar, espantaram-se quando contei que "aparentemente" aquilo não era tudo e que havia também ordem de "aniquilar o governador". Sob o impacto do significado do telefonema, eu tinha omitido esta parte por considerá-la "um exagero", duvidando dela como se fosse um excesso, e pedindo que o jornal reconfirmasse a informação.

– 5 –

E o informante de confiança? Era o radiotelegrafista do jornal (de fato, dos Correios e Telégrafos e que fazia um "bico" conosco) e que, de dentro da redação, decidiu entrar nas frequências reservadas à fonia do III Exército, para ver o que acontecia e acabou ouvindo a ordem de Brasília.

Três horas mais tarde, na noite de domingo, João Carlos Guaragna, um dos telegrafistas-chefe dos Correios e Telégrafos, entregou ao secretário de Imprensa duas folhas datilografadas com a versão ampla – quase completa – da comunicação do general Orlando Geisel (comandante militar de Brasília e chefe da Casa Militar da Presidência) ao general Muricy em Porto Alegre, com a ordem de atacar e, "se necessário", bombardear o Palácio. Guaragna era radioamador e no domingo, em sua casa, ao falar com colegas, captou um sinal tremido no osciloscópio,

---

14. Mencionado no livro de Dione Kuhn, *Brizola – da Legalidade ao exílio*. Porto Alegre: RBS Publicações, 2004, p. 52.

truncado, mas inteligível: era a comunicação entre os dois generais mancomunados no ataque.

(Em 1980, em seu livro de memórias sobre "a crise da renúncia" de 1961, o então comandante do III Exército, José Machado Lopes, menciona expressamente que, antes dele, o general Muricy recebeu pessoalmente a ordem de "bombardear o Palácio". Não precisa o momento, nem diz quantas horas antes o chefe do Estado-Maior – seu subordinado imediato – recebeu a ordem, retransmitida a ele próprio na manhã seguinte, segunda-feira, conforme afirma.[15] No livro, refere ainda que, no domingo 27 de agosto, o comandante da Zona Aérea, brigadeiro Aureliano Passos, comunicou-lhe "que havia recebido ordem de empregar seus aviões em voos rasantes sobre o Palácio Piratini, com o objetivo de intimidar o governador Leonel Brizola". É estranho ou inverossímil que, na rígida hierarquia militar, Machado Lopes – o comandante mais importante do Sul, com chefia em três Estados – tenha sabido da ordem de bombardeio do Palácio catorze horas depois de transmitida ao seu subordinado imediato, general Muricy. Isto é, pelo menos, o que aparece no cotejo dos horários informados no livro).

A frase repetida pelo arcebispo dom Vicente soa como trovoada em temporal: "Em tempo de guerra, mentira é como terra!".

– 6 –

Confirmada a ordem de bombardeio, a ansiedade retorna, agora curtida pela experiência da tarde e, por isto, mais aflita. "Não foi daquela vez, será agora" – era o espírito dominante. No Palácio, de novo somos poucos civis, apenas os jornalistas. Parte do grupo da tarde debandou, vencido pelo sono ou pela bravata. Pelas 20h, motociclistas da Polícia Rodoviária informam que uma coluna de vinte tanques M-3, com canhões de 37 milímetros, saiu do quartel da 2ª Companhia Mecanizada, no

---

15. Do livro do Marechal José Machado Lopes, *O III Exército na crise da renúncia de Jânio Quadros*. Rio de Janeiro: Alhambra, 1980, p. 47-48.

distante bairro da Serraria, a doze quilômetros. O presidente da Assembleia Legislativa, Hélio Carlomagno, dirigindo seu Fusca, passou por eles na vinda ao Palácio. Os blindados são lentos e há tempo para improvisar "muralhas" de defesa: caminhões imensos e pesados (transportadores de cereais) fecham as ruas de acesso. Um ao lado do outro, dois ou três juntos: não há tanque que os leve de roldão!

Nervoso, ao telefone, requisitando mais e mais caminhões, o chefe da Casa Civil, Ney Britto, se irrita quando lhe digo que "há quem afirme que os tanques não são contra nós". Passei meia hora no jornal e voltei com essa informação estapafúrdia, difícil de acreditar. Dois sargentos que servem como burocratas no Comando do III Exército (e são repórteres policiais da *Última Hora*) asseguram que os oficiais da Serraria aplaudiram o pronunciamento de Brizola pelo rádio e que a missão dos tanques não é atacar. No jornal só se falava nisso, num otimismo quase infantil, que contrasta com o clima nervoso e aflito do Palácio.

A defesa noturna do Piratini, agora, concentra-se apenas nos pontos altos – o terraço e a cripta da catedral –, com as metralhadoras pesadas da Brigada. Ao início da madrugada (quando os blindados estão já na Usina do Gasômetro, no centro da cidade), a Polícia Civil traz ao Palácio um reforço de duas centenas de garrafas com gasolina e pavio. A insólita simbiose de "comunistas e policiais" tinha trabalhado rápido. Basta uma "bomba molotov" para incendiar um tanque!

Pela 1h da madrugada, a última coluna de blindados estaciona ao final da Rua da Praia, a duas quadras do quartel-general do III Exército. Ali, sede (e cérebro) do comando do maior contingente do Exército brasileiro – 120 mil homens –, todas as luzes estão acesas em todos os quatro pisos e permanecerão assim por toda a madrugada. O Estado-Maior está reunido. Ao entardecer, dois aviões da FAB pousaram na Base Aérea, vindos do interior e do Paraná, com oficiais. O generalato está em sessão permanente e decide sobre as ordens de ataque.

Outra noite insone. A segunda. No Palácio, cochilamos nos sofás e cadeiras. A Rádio da Legalidade continua no ar, em sua primeira madrugada afora. Transmite hinos e marchas militares, enquanto Hamilton e Naldo se revezam ao microfone repetindo palavras de ordem – lugares-comuns que, no entanto, pela inflexão da voz e simplicidade, chegam ao âmago de todos:

"*Atenção, povo do Rio Grande e do Brasil, atenção gaúchos e brasileiros, atenção soldados da Pátria – do Exército, Marinha e Aeronáutica. Estamos transmitindo dos porões do Palácio Piratini, unindo o Brasil na luta pela Legalidade e a Constituição, contra o golpe*".

A rádio também está à espera do ataque. A luz do dia não chega aos porões e sabemos que já são 7h da manhã quando o cabo da Brigada, tocando um sino, vem avisar que "está na hora do café" e, famintos, vamos nos sentar à imensa mesa da Casa Militar.

Os tanques que não atacaram na madrugada, ousarão atacar à luz do dia da segunda-feira?

Capítulo VI

O adeus de Brizola

– 1 –

Estávamos atentos à mobilização das armas, aos fuzis e aos tanques e nos armávamos também. Temíamos o outro lado – o "inimigo" – por ter mais e melhores armas do que nós, por ser poderoso e militarmente organizado, por ter-se preparado a vida inteira para o combate e a guerra. Mas não sabíamos que o outro lado nos temia tanto (ou nos respeitava ou até nos acompanhava) pela arma que tínhamos apenas nós – o rádio.

Quando se recorda a mobilização militar em ambos os lados, as correrias e os preparativos, os planos e as improvisações daqueles dias de 1961, aparece uma realidade paralela, acima das armas: a mobilização da opinião pública. E, além da opinião pública, a mobilização das massas, do povo como torrente.

Sim, o povo – aquele ente distante e etéreo que só aparecia nos discursos dos políticos – saiu às ruas em Porto Alegre e cidades do interior gaúcho e se mostrou com forma própria. Não houve assaltos, nem lojas apedrejadas ou comércios depredados e saqueados ao passo dos homens e mulheres, moços ou idosos, maltrapilhos ou bem-vestidos. Como multidão, como povo-povo mesmo, não como turba furiosa e perturbada, esses homens e mulheres deslocaram-se dos bairros (alguns com um rádio de pilha ao ouvido) e, em trinta minutos, ocuparam os doze mil metros quadrados da Praça da Matriz, defronte ao Palácio Piratini, enquanto – pela Rádio da Legalidade – Leonel Brizola os convocava à resistência contra o golpe:

"*Em primeiro lugar, nenhuma escola deve funcionar em Porto Alegre. Fechem todas as escolas. Se alguma estiver aberta, fechem e mandem as crianças para junto de seus pais. Tudo em ordem. Tudo em calma. Tudo com serenidade e frieza, mas mandem as crianças para casa!*".

Era a manhã da segunda-feira 28 de agosto de 1961. Nervosa manhã de sol tênue, em que tudo era incerto.

– 2 –

Bastam essas palavras – "fechem todas as escolas, mandem as crianças para casa" – para entender que há uma situação de perigo e extrema violência. São 10h da manhã. Minutos antes, em telefonema ao Palácio, o comandante do III Exército pede "uma audiência", uma reunião com o governador e o ambiente se encrespa. O que vem fazer o general no Palácio? Prender Brizola? Traz ordem de Brasília e vem pedir a renúncia do governador? Vem dizer que tem ordem de bombardear e que bombardeará se Brizola não renunciar? Vem negociar? Render-se não é o caso, pois ninguém lhe pediu a rendição, nem há guerra ainda!

Brizola marca o encontro para as 11h30. Logo, põe a metralhadora portátil Ina a tiracolo e, de traje cinza e gravata, desce aos porões abafados da Rádio da Legalidade.

"Em primeiro lugar...". A menção às crianças é um alerta e gera um suspense que as palavras seguintes explicarão. Ao microfone, conta que receberá o general no Palácio: "Mas pode ser que esse encontro não signifique uma simples visita de amigo, que não seja uma aliança entre o poder militar e o poder civil: pode significar uma comunicação da deposição do governo do Estado. Quero vos dizer que será possível que eu não tenha mais oportunidade de vos falar, que eu não possa me dirigir mais à população".

Advertiu, porém: "Se ocorrer a eventualidade de um ultimato, ocorrerão também consequências muito sérias, porque não nos submeteremos a nenhum golpe, a nenhuma resolução arbitrária. Que nos esmaguem! Que nos destruam! Que nos chacinem neste Palácio! Chacinado estará o Brasil com a imposição de uma ditadura! Esta rádio será silenciada; porém, não será silenciada sem balas. Tanto aqui como nos transmissores, estamos guardados por fortes contingentes da Brigada Militar".

Recorda que, na noite anterior, o marechal Denys declarou pelo rádio que não concorda com a posse de João Goulart: "Numa argumentação pueril e inaceitável, ele diz que isto significa uma opção entre 'comunismo' ou 'não'. E isso é pueril! Não nos encontramos nesse dilema. Não nos encontramos entre uma submissão à União Soviética ou aos Estados Unidos. Tenho uma posição inequívoca sobre isto. Mas tenho aquilo que falta a muitos anticomunistas exaltados deste país, que é a coragem de dizer que os Estados Unidos da América, protegendo seus monopólios e trustes, vão espoliando e explorando esta nação sofrida e miserabilizada. Penso com independência. Não penso ao lado dos russos ou dos americanos. Penso pelo Brasil e pela República. Um Brasil forte e independente. Não um Brasil escravo dos militaristas e dos trustes e monopólios norte-americanos. Nada temos com os russos. Mas nada temos também com os americanos, que espoliam e mantêm nossa pátria na pobreza, no analfabetismo e na miséria. Esses que muito elogiam a estratégia norte-americana querem submeter nosso povo a esse processo de esmagamento".

– 3 –

Brizola fala quase sem pausas. A metralhadora portátil descansa atrás, numa tosca estante improvisada, junto a uma garrafa d'água e um copo. A seu lado há, pelo menos, sessenta pessoas – o secretariado, jornalistas, oficiais da Casa Militar – e o ar rarefeito do porão o obriga, às vezes, a tomar fôlego. E, nesses instantes, observa a lâmpada vermelha no alto da parede: "Enquanto estiver acesa, é sinal de que os transmissores estão funcionando e de que estamos no ar!", lhe havia explicado o engenheiro Homero Símon, segundos antes de que começasse a falar.

"Estou informado de que todos os aeroportos do Brasil estão guarnecidos e com ordem de prender o Sr. João Goulart no momento da descida", acrescenta. Diz que falou pelo telefone com João Goulart, "há pouco", e que "a companhia norte-americana dos telefones deve ter gravado e transmitido os termos de nossas conversas para as Forças Armadas".

Conta que disse a Jango, no telefonema: "Deves vir diretamente a Brasília, correr o risco, pagar para ver. Vem. Toma um de teus filhos nos braços. Desce sem revólver na cintura, como um civilizado. Vem para um país culto e politizado, e não como se viesses para uma republiqueta onde dominam os caudilhos, as oligarquias que se consideram todo-poderosas. Ou voa para o Uruguai, então, essa cidadela da liberdade aqui pertinho de nós".

Dirige-se aos militares: "Vejam, soldados do Brasil, soldados do III Exército, comandante general Machado Lopes, oficiais, sargentos e praças, vejam se não é loucura. Tenho motivos para vos falar desta forma, vivendo a emoção deste momento que talvez seja a última oportunidade de me dirigir aos meus conterrâneos: não aceitarei qualquer imposição".

E relata (e delata) o "segredo" do outro lado: "Organizamos um serviço de captação de notícias, uma rede de radioamadores. Passamos a captar as mensagens trocadas, mesmo em código, entre o III Exército e o Ministério da Guerra – as mais graves revelações. Ontem, por exemplo – vou ler rapidamente, porque talvez isso provoque a destruição desta rádio – o ministro da Guerra considerava que a preservação da ordem 'só interessa ao governador Brizola'. Então, soldados do Brasil, o Exército é agente da desordem? E, noutra prova da loucura, dizia: 'É necessária a firmeza do III Exército para que não cresça a força do inimigo potencial'. Eu sou inimigo, meus conterrâneos?".

Pela primeira vez, baixa a vista e lê o papel que tem à mão: "Vejam o que diz o general Orlando Geisel, de ordem do marechal Odílio Denys, ao III Exército: 'O III Exército deve agir com a máxima urgência e presteza. Faça convergir contra Porto

Alegre toda a tropa do Rio Grande do Sul que julgar conveniente. A Aeronáutica deve realizar o bombardeio, se necessário. Está a caminho do Rio Grande uma força-tarefa da Marinha de Guerra. Mande dizer qual o reforço que precisa'. Diz mais o general Geisel: 'Insisto que a gravidade da situação nacional decorre da situação do Rio Grande do Sul por não terem, ainda, sido cumpridas as ordens enviadas para coibir a ação do governador Brizola'. Era isto, meus conterrâneos. Estamos aqui prestes a sofrer a destruição. Devem convergir sobre nós forças militares para nos destruir, determinou o ministro da Guerra. Mas tenho confiança no cumprimento do dever dos soldados, oficiais e sargentos, especialmente do general Machado Lopes. Que não se intimide ante os atos de banditismo e vandalismo, ante esse crime contra a população civil. É uma loucura!".

Incisivo e firme, comovido e comovendo, chama à reflexão: "Vejam se não é desatino e loucura o que vão fazer! Podem nos esmagar, mas jogarão o país no caos. Ninguém os respeitará. Ninguém confiará nessa autoridade imposta, delegada de uma ditadura. Ninguém impedirá que este país, por todos os seus meios, se levante lutando pelo poder. Nas cidades do interior surgirão as guerrilhas para defesa da honra e da dignidade, contra o que um louco e desatinado quer impor à família brasileira. Mas confio em que um homem como o general Machado Lopes, que vive de seus deveres como milhares de oficiais e como esta sargentada humilde, saiba que isso é loucura e desatino, e que cumpre salvar a pátria".

– 4 –

O apelo final é direto: "Povo de Porto Alegre, meus amigos do Rio Grande do Sul. Não desejo sacrificar ninguém, mas venham para a frente deste Palácio, em demonstração de protesto contra essa loucura e esse desatino. Venham, e se eles quiserem cometer essa chacina, retirem-se. Mas eu não me retirarei e aqui ficarei até o fim. Poderei ser esmagado. Poderei ser destruído. Poderei ser morto. Eu, a minha esposa e muitos amigos civis e militares do Rio Grande do Sul. Não importa! Ficará o nosso protesto, lavando a honra desta nação. Aqui resistiremos até o fim. A morte é melhor do que a vida sem honra, sem dignidade e sem glória".

Volta a tomar fôlego, olha para a lâmpada vermelha na parede, tão acesa quanto seu olhar, e acrescenta: "Aqui ficaremos até o fim. Podem atirar. Que decolem os jatos! Que atirem com os armamentos que compraram à custa da fome e do sacrifício do povo! Joguem essas armas contra este povo. Já fomos dominados pelos trustes e monopólios norte-americanos! Estaremos aqui para morrer, se necessário. Um dia, nossos filhos e irmãos farão a independência do nosso povo!".

"Um abraço, meu povo querido. Se não puder falar mais, será porque não me foi possível. Adeus, meu Rio Grande querido. Pode ser este, realmente, o nosso adeus, mas aqui estaremos para cumprir o nosso dever!".

Aplausos, muitos aplausos. Aplaudíamos em pranto, todos em pranto, civis ou fardados, num choro convulso e entre abraços recíprocos, como nos dizendo adeus.

E entre abraços e palmas, o microfone cai ao chão. É o único disponível. O secretário de Imprensa o levanta e a voz forte e empostada de Hamilton Chaves, agora trêmula e embargada, apenas consegue balbuciar: "Acabamos de ouvir o pronunciamento de S. Excia. o governador Leonel Brizola". Não há mais o que dizer. O toca-discos caseiro toca o Hino da Independência: ... *já raiou a liberdade /no horizonte do Brasil...*

– 5 –

Lidas ou ouvidas agora, cinquenta anos depois, talvez as palavras pareçam heroicas demais, ou estoicas demais. Ou, apenas retumbantes. Mas aquelas horas foram assim: tudo vibrava como uma lâmina e o eco se multiplicava. No fundo, naqueles dias, era como se David enchesse o peito e gritasse a Golias: bombardeia. Brizola fez isto!

(*Patético pronunciamento de Brizola* – escreverá o jornal *Última Hora*, ao início da tarde, ao publicar a íntegra do pronunciamento.)[16]

Patéticas ou estremecedoras, podem as palavras, no entanto, enfrentar tanques ou resistir a um bombardeio? E a ordem do ministro da Guerra, por acaso, não era bombardear? Tudo tinha sido captado e estava ali, transcrito no papel, quase *ipsis litteris*. E havia uma ordem clara, direta e definitiva: "Silenciar Brizola... e bombardear, se necessário!".

Nessa manhã, diante de homens e mulheres marchando na rua com bandeiras, Ísis Azevedo preparava-se para bater uma foto para a sua carteira de estudante. Aos 16 anos, com uniforme do Colégio Sévigné e seus medos de adolescente num mundo de sonhos onde o namoro e os livros valem mais do que os governos, viu-se sozinha em meio à multidão e pressentiu o fim dos tempos.

Nunca lhe saiu da memória o que disse a si mesma naquele dia, em voz alta e em pranto: "Isto é uma guerra, vamos todos morrer!"

Os tanques M-3 do quartel da Serraria continuam estacionados junto ao quartel-general do III Exército. Que trajeto farão para chegar ao Palácio? Seguindo o sentido do tráfego nas ruas, não são mais de dez quarteirões. Um trecho pequeno, que eles próprios podem tornar menor trafegando na contramão. A não ser que o ministro da Guerra, que não respeita a Constituição, mande respeitar as leis do trânsito. Mesmo assim, são dez quarteirões, dez quadras, como se diz no Sul. Por onde virão os tanques?

---

16. Os trechos fundamentais do pronunciamento de Brizola foram extraídos do texto integral estampado na *Última Hora*, edição extra de 28.7.1961.

Capítulo VII

O general no Palácio

– 1 –

Não apareceram os tanques. Em vez deles, apareceu o general José Machado Lopes.

O que vem fazer esse cearense esguio, rosto adusto e jeito recatado, como se nunca sorrisse?

Exatas 72 horas antes, na comemoração do Dia do Soldado (minutos antes do vendaval da renúncia de Jânio Quadros), ele sequer moveu os lábios quando o governador, a seu lado no palanque, elogiou o garbo dos porta-bandeiras. Talvez um elogio fortuito, só para ser gentil e simpático, mas que o bom hábito mandava responder, pelo menos, com um sorriso. Se nunca sorri, o que vem fazer aqui, nesta praça e neste Palácio? Aqui também não há sorrisos e tudo é tenso, mas a tensão não é um traço do comportamento ou da formação, e, sim, apenas um estado de alerta para preparar a defesa e para proteger-se. A praça está repleta. O sol de fim de inverno espanta o frio do início da manhã e a temperatura muda (faz calor), como se fosse prenúncio do que pode vir depois.

Mas, quem é esse general? O que quer e o que vem fazer no Palácio?

O imenso Chevrolet Byscaine preto, do comando do III Exército, chega devagar, entra à praça pela parte baixa em direção ao Palácio. Os vidros levantados impedem que os cinco ocupantes ouçam os gritos da multidão, dividida entre o apupo e o aplauso, sem norte, como todos. Mas percebem os gestos, duros alguns, suaves outros. Ao volante, o cabo-chofer; a seu lado, o soldado da Companhia de Guardas, Antônio Mesquita Galvão, 1,90 m de altura e uma submetralhadora ao colo. ("Engatilhada", dirá ele mais tarde.) No banco traseiro, Machado Lopes no meio, rodeado por seu ajudante de ordens, capitão Luís Omar de Carvalho, e pelo general Sílvio Santa Rosa, comandante da 6ª Divisão de Infantaria – todos de quepe. Não há batedores nem sirenes. O automóvel estaciona na lateral do Palácio, em silêncio. Entre o temor e a expectativa, a praça inteira também silencia, como se estivesse deserta ou como se tudo fosse funéreo. Os três oficiais descem. Recebidos por um major da Casa Militar do governador, entram casa adentro pela longa escada de mármore que conduz ao segundo piso.[17] Descobrem a cabeça, tomam o próprio quepe nas mãos – e os cabelos grisalhos de Machado Lopes aparecem, dando-lhe um ar avoengo no corpo franzino e erecto. A não ser que essa visita seja o prelúdio de uma cilada futura, ele não tem jeito de ser o ríspido portador de um ultimato. Menos ainda o general Santa Rosa, cabeça calva e simpático, sorrindo pela comissura dos lábios.

(É impossível imaginar a cena com a visão atual: não havia transmissores portáteis ou telefones celulares, como hoje, em que cada passo é acompanhado de um aviso – "...está subindo a escada"... "dobrou a tal lado..." – e tudo parece rápido. Subir a escada, percorrer os salões e chegar ao gabinete privado do governador foi, para todos, uma caminhada ansiosa. Mais ainda para quem os esperava.)

– 2 –

Quando Brizola se levanta vagarosamente, dá alguns passos e, quase à porta do gabinete, recebe os dois generais, a dúvida ainda persiste. As informações são contraditórias. "O

---

17. Algumas versões (vertidas até em livros) fantasiaram que a multidão cantou o Hino Nacional quando os generais desceram do carro, levando-os a perfilar-se e também cantar. Ainda que romanticamente bela, trata-se de invenção absurda e tola.

comandante do III Exército vai ao Palácio para apertar" ou "vai para afrouxar e negociar" ou "vai somar-se à Legalidade" ou "vai para prender" – tudo circula como notícia "confirmada", mas só os próximos instantes é que confirmarão alguma coisa.

Rosto pálido de insone, Machado Lopes parece desajeitado e tímido. "Ele vem pedir, polidamente, que eu renuncie!", pensa Brizola. "Vem em nome do não derramamento de sangue". "Vem aconselhar a não resistir". Os passos do comandante do III Exército não são de quem prega a guerra e busca o confronto, mas podem tentar excluir Brizola e o Rio Grande do Sul dos acontecimentos.

Nos momentos de perigo extremo, a mente é rápida e extraordinariamente veloz. Tudo desponta na memória e o pensamento desliza numa sucessão tal que parece a correria de um filme cinematográfico atropelado no projetor, em que as cenas mudam e se alternam sem parar, umas sobre as outras, continuamente. Nesses segundos longos (menos de um minuto que pesa como horas) tudo perpassa a mente de Brizola e dos que estão ali a seu lado. O aperto de mãos é protocolar, firme, distante e de rosto sério. O governador apresenta os outros cinco que com ele ali estão, também à espera.[18] Pede que os dois generais fiquem à ponta da longa mesa do gabinete – Machado Lopes à esquerda, com ele partilhando a cabeceira; Santa Rosa à direita. Os demais ao longo, em cada lado.

E agora?

Brizola talvez não se lembrasse (ou, até, não soubesse), mas o general Santa Rosa, anos antes, ainda coronel, tinha saltado de paraquedas na selva amazônica para chefiar o cerco aos rebeldes de Jacareacanga, aquela facção de direita da Aeronáutica que queria derrubar o presidente Juscelino Kubitschek, lá pelo final dos anos 1950. Isso podia ser um indício do que vinha

---

18. Presentes, no gabinete do governador, o secretário de Justiça, Francisco Brochado da Rocha (com um exemplar da Constituição na mesa); o de Obras Públicas e presidente do Partido Trabalhista, João Caruso; o procurador-geral do Estado, Floriano Maia d'Ávila; o chefe da Casa Militar, coronel Aldo Campomar, e o comandante da Brigada Militar gaúcha, coronel Diomário Moojen.

fazer ele agora, junto ao seu comandante, mas também não definia totalmente o sentido da visita. E se Santa Rosa, o pacifista e antigolpista de 1958, viesse corroborar e reforçar a ideia da renúncia do governador, a ideia de abandonar a resistência, em nome da paz? No fim das contas, os amotinados de Jacareacanga tinham voltado às Forças Armadas como se nada tivesse ocorrido (readmitidos até os que tinham se asilado na Bolívia e na Argentina) e a paz voltara a reinar no país.

Sim, pois até o general Santa Rosa, de tradição legalista, poderia estar ali para pedir que renunciasse. Ou que – sem renúncia ao governo – renunciasse a resistir. E por que não? O marechal Denys (que, agora, mandou prender Lott e quer prender Jango) por acaso não é o mesmo general Denys que, seis anos antes, em 1955, preparou com Lott o contragolpe que garantiu a vitória eleitoral de Juscelino e do próprio Jango como vice?

E agora? Quem inicia a conversa?

– 3 –

– Foi o momento mais difícil da minha vida. Eu esperava tudo e qualquer coisa: que ele viesse dizer "sim" ou dizer "não", que viesse me abraçar ou me prender! – revelou-me Brizola, dezenas de anos mais tarde, em 1979, em Lisboa, ao final dos longos anos de exílio.

E agora? Das oito pessoas reunidas ao longo da mesa, quatro são civis, quatro são militares – dois do Exército e dois da Brigada gaúcha –, mas ninguém está armado. Nesses dias, além dos fardados (de qualquer lado), também os civis andam de revólver à cintura no Palácio ou na rua, mas agora todos estão desarmados. A metralhadora portátil Ina, que Brizola mal aprendeu a manejar, está a um canto, encoberta e protegida.

– Eu estava disposto a reter o Machado Lopes. Se ele viesse me pedir a renúncia ou que eu me declarasse "preso", eu ia retê-lo no Palácio.

– Com a metralhadora?

– Não, claro que não. Ia notificá-lo de que estava retido no Palácio. Só isso! – explicou-me Brizola.

Aí, viria a negociação. Retido, não detido. Eram mais do que as clássicas regras da guerra ao estilo antigo. Comandantes e altos oficiais são presos de palavra. O máximo que fazem é entregar a pistola, mas nem isso nenhum deles portava. Nem o chefe do III Exército nem o governador.

– 4 –

O general Machado Lopes foi direto ao assunto, sem circunlóquios:

– Governador, os generais do III Exército deliberaram sobre a situação atual e decidiram que a solução da crise deve ser feita dentro do que manda a Constituição, com a posse do vice-presidente da República!

Alívio e silêncio. Não há o que responder e Brizola se atém às palavras protocolares comuns à política – "só podíamos esperar isto de Vossas Excelências" –, mas que, agora, são também sinceras. Desde o primeiro dia, ele tivera o cuidado de poupar o comandante do III Exército de qualquer observação. Rapidamente, a conversação toma o tom ou o ritmo de uma improvisada reunião de trabalho.

– Entrego a Brigada Militar ao seu comando! –, diz Brizola. E o coronel Moojen, comandante da corporação gaúcha, completa num apelo:

– General, reserve as operações mais duras e arriscadas para a Brigada Militar.

Um dos fotógrafos oficiais do Palácio é chamado ao gabinete: Brizola se levanta e, arqueado como em agradecimento e reverência, aperta de novo a mão de Machado Lopes, que permanece sentado. O grande momento estava retratado para a História! A foto aparecerá na imprensa, junto com outras em que o ambiente descontraído (todos conversando e dois garçons servindo café e copos d'água) contrasta com a tensão dos cinzeiros cheios de pontas de cigarro.[19]

---

19. O fotógrafo Pedro Flores, ao ser chamado, levou junto seu colega Santos Vidarte, da *Folha da Tarde*, permanecendo no gabinete menos de três minutos.

Já transformado em reunião, o encontro dura 35 minutos. À saída, Brizola leva Machado Lopes e Santa Rosa à sacada do Palácio: gesticula à multidão concentrada na praça, aplaude e todos entendem que o III Exército agora também é parte do Movimento da Legalidade. A praça inteira rompe o silêncio e aplaude ainda mais. Entre gritos, pulos, mãos e braços levantados, numa eufórica e alegre agitação, as faixas desfraldam como bandeiras.

Acompanhado do secretariado, Brizola desce as escadas e conduz os dois generais à porta principal do Palácio Piratini. Ficam alguns segundos na calçada, os três juntos, enquanto a multidão aplaude e acena. Brizola faz questão de levá-los à sede do III Exército. Machado Lopes e Santa Rosa cobrem-se a cabeça com o quepe e, entre palmas e gritos de "viva, viva", os três entram no automóvel, rumo ao comando do III Exército.

A Rádio da Legalidade noticia a visita: o III se integra ao Movimento da Legalidade. O Rio Grande do Sul já não luta sozinho. Também tropas do Paraná e Santa Catarina agora participam do movimento. Minutos após, de volta ao Palácio, o governador relata o encontro pelo rádio:

"*[...] em defesa da legalidade, o Poder Civil e as Forças Armadas encontram-se agora perfeitamente harmônicos e integrados. Defendemos a Constituição e nossa atitude não é e nunca foi de revolução. Mas, em defesa da Constituição, resistiremos até a última gota de sangue. Se quiserem rasgar a Constituição, porém, da resistência passaremos à revolução. É melhor perder a vida do que a razão de viver. [...] Posso vos garantir, no entanto, e garantir a todo o Brasil, que não daremos o primeiro tiro. Mas, creiam, o segundo tiro será nosso*".

– 5 –

Tudo se modifica a partir daí. A multidão na praça aumenta, a grande maioria chega convocada pelo apelo de Brizola no rádio ("venham para a frente do Palácio..."), sem saber ainda do resultado da reunião. O Palácio semivazio fica repleto. Tantos são os que querem entrar agora que a guarda palaciana é obrigada a fechar as portas.

Pouco antes, ao final do discurso de Brizola, o jovem médico José Chaieb tinha chegado aflito, carregando um saco com gaze, algodão, material cirúrgico e medicamentos de urgência. Ele escutava o discurso do alto de um edifício próximo e observou o pátio do Palácio desnudo, sem nenhuma proteção médica – sem aquelas tendas brancas com uma cruz vermelha, sinal de que ali é inviolável zona de socorro. Apavorou-se e decidiu agir.

No domingo, a defesa do Palácio tinha se preparado duas vezes para resistir a ataques e, na segunda-feira, corria até o risco de bombardeio aéreo, mas ninguém havia pensado nas possíveis "baixas" nem em assistir aos feridos. Formado dois anos antes, ele não tinha contato algum com Brizola, mas no tempo da faculdade fora da Juventude Comunista e aprendera a ser ousado e prático – falou com dona Neusa e, em uma hora, instalou o atendimento de urgência e a barraca branca armada às pressas parecia flutuar no pátio com uma imensa cruz vermelha no cimo. Ao anoitecer, o doutor José Chaieb (todo de branco) já comandava quinze enfermeiras, quando chegou outro moço médico, Saulo Coelho, seu colega de turma e amigo do governador e da primeira-dama. Os dois se alternaram daí em diante, noite e dia, e montaram até um banco de sangue sob a barraca branca.

Até então, o Piratini fora um Palácio masculino. Seis ou sete senhoras faziam companhia a Neusa Goulart Brizola, na ala residencial. Na antessala do gabinete do governador, duas atendentes cuidavam dos telefones. Três moças economistas do Gabinete de Administração e Planejamento – com revólver na saia – faziam o mesmo que os civis homens faziam, auxiliando no que podiam. Mas o Piratini era um Palácio de homens. A central telefônica, com seis funcionárias (mulheres) em revezamento contínuo, ficava num buraco tão escondido, nos porões, que só nos lembrávamos delas nas ligações interurbanas.

A chegada das enfermeiras do doutor Chaieb – de gorro branco, vestido branco e sapatos brancos – trouxe um toque feminino e, mais do que tudo, a ideia concreta de que ali estávamos prontos para a guerra. Para ser feridos e sangrar.

– 6 –

Uma ferida abriu-se nesse mesmo dia. Pequena e inocente, como um raspão na pele, mas ferida enfim. Na euforia da visita de Machado Lopes ao Palácio e sua integração à causa da Legalidade, a *Última Hora* lançou uma edição extra, no meio da tarde, com um título imenso cobrindo toda a primeira página: "III Exército aderiu a Brizola". O jornal circulou por todos os lugares e esgotou-se em menos de duas horas, mas criou um ambiente sisudo no Exército e descontrolou a cautela e os cuidados de Brizola para com os militares.

Não importava que, na mesma edição, o editorial do jornal saudasse o III Exército e na frase inicial já resumisse o que pensava: "Este é um Exército de homens livres!".

Alguns oficiais pró-golpe (poucos, mas ativos, e que tinham se calado diante da nova posição do comandante) tentaram usar a manchete como pretexto para agitar o assunto como se o Exército, agora, estivesse "submetido ao governador". Não conseguiram ir adiante, pois a realidade evitou que o assunto se estendesse ou se agravasse.

À noite, porém, o governador convocou os diretores dos jornais ao Palácio e o secretário do Interior e Justiça, Francisco Brochado da Rocha, argumentou sobre as dificuldades do momento, "equivalente a um estado de guerra", e pediu "cuidado na informação". Era evidente que se referia à *Última Hora*, cujos diretores eram os únicos ausentes da reunião. Em vez deles, Nestor Fedrizzi, secretário de Redação, e eu o ouvimos em silêncio, pois concordávamos com o que dizia. Até o antibrizolista Breno Caldas, que jamais comparecia a reuniões, estava ali e, com sua postura de *british lord*, indagou se aquilo era "um aviso prévio de censura à imprensa". O hábil Brochado da Rocha esclareceu que "jamais", pois um movimento que defendia a Constituição não podia ofender a própria Constituição.

– 7 –

Eu estava no Palácio desde sábado e, na tarde dessa segunda-feira, quando tudo tendia a aquietar-se, retornei por uns momentos à casa da minha mãe, que desde então nada sabia de mim, pois não tinha telefone. Era também a data do aniversário do meu pai (falecido onze anos antes) e não queria deixá-la sem notícias. Quase ao chegar, na Avenida Protásio Alves, defronte ao Hospital de Clínicas (ainda em construção), deparo com os donos do Empório Americano de Móveis montados (eles mesmos) numa escada, pintando a fachada imensa da loja. Borravam e escondiam parte do nome, para que desaparecesse o "Americano" e se chamasse apenas "Empório de Móveis"!

Tinham na memória o dia 24 de agosto de 1954, seis anos antes, no suicídio de Getúlio Vargas, quando, em Porto Alegre, as multidões nas ruas destruíram ou apedrejaram o Consulado dos Estados Unidos e tudo o que se denominasse "americano" ou lembrasse o domínio ianque. Depredaram até o American Boite, o prostíbulo de mais alto nível da cidade, cobiçadamente famoso entre os homens ricos e comentado com desprezo pelas mulheres da alta sociedade.

Eu passara mais de 48 horas nos porões do Palácio, longe do mundo, sem imaginar até onde tinha chegado o que lá fazíamos, mas agora, no gesto daquele precavido casal de comerciantes, comprovava que as palavras de Brizola tinham penetrado fundo. E ido, até, além das consequências.

– 8 –

Ainda hoje, participantes e testemunhas daqueles dias se indagam sobre se Brizola sabia ou não, antecipadamente, da decisão do III Exército. O patético pronunciamento de despedida foi autêntico? Ou, ele sabia das intenções da visita e o pronunciamento teria sido, assim, uma simulação para arregimentar ainda mais a população na campanha da Legalidade e – principalmente – para demonstrar força ao Exército?

Duas versões (que, no fundo, são uma só) sobre o "possível" conhecimento antecipado da visita circularam ao longo desses cinquenta anos, mesmo inconsistentes. A primeira: o governador fora avisado pelo juiz-auditor militar Lauro Schuck, seu amigo e amigo do general e que estivera no QG na noite de domingo. Nenhuma decisão, porém, tinha tomado o III Exército até essa noite e é improvável (ou absurdo) que o general informasse algo tão sério por telefone ao juiz-auditor. A segunda versão: os jornalistas Arlindo Pasqualini, diretor da Rádio Guaíba, e Flávio Alcaraz Gomes, gerente, souberam de tudo por antecipação e, quando Brizola ia começar a falar, o teriam informado da posição militar.

Ao envolver jornalistas, esta versão ganhou contornos de veracidade e aparece, até, em livros. Em verdade, na manhã de 28 de agosto, Breno Caldas (dono da Rádio Guaíba) enviou seu primo, Flávio Alcaraz Gomes, ao comando do III Exército para reclamar a "devolução" da emissora requisitada no domingo pelo governo estadual e queixar-se da "arbitrariedade de Brizola". No comando militar, um capitão o informou de que nada podia ser feito "pois a situação estava mudando" e o próprio general faria uma comunicação pública. Alcaraz Gomes voltou à sede da emissora e contou do que lhe haviam dito. Breno Caldas em pânico – "vão nos tirar a rádio em definitivo", dizia – mandou-o ao Palácio com Pasqualini (também acérrimo crítico de Brizola) para "melhorar o ambiente com o governador" e contornar a situação futura.

– Quando chegamos aos porões, o Brizola se encaminhava para o microfone e eu lhe disse que o general estava com a Constituição, mas o barulho era muito, com muita gente, e não sei se ele entendeu direito – contou-me Flávio Alcaraz Gomes, quarenta anos mais tarde.[20]

Nenhuma dessas duas versões permite afirmar que Brizola conhecia antecipadamente a posição do III Exército. O

---

20. Relato de Flávio Alcaraz ao autor, em 2002, nos estúdios da TV Guaíba em Porto Alegre, presentes o economista Antônio Carlos Baldi e o jornalista Jaime Keunecke.

governador tinha, isto sim, informações de que o generalato estava reunido "para deliberar" e que uma das alternativas era "respeitar a Constituição", apenas isto. Não tinha, porém, ideia precisa sobre o resultado da "deliberação". Ou, como o próprio Brizola resumiu, anos mais tarde:

– Eu esperava tudo e qualquer coisa: que ele viesse dizer "sim" ou dizer "não", que viesse me abraçar ou me prender!

A visita de Machado Lopes apontou o caminho na encruzilhada. A caminhada, no entanto, recém começava e ia tomar rumos difíceis e duros nas horas e dias seguintes.

Capítulo VIII

O dilema do III Exército

– 1 –

Das 7h da manhã de sábado, 26 de agosto, quando Brizola telefonou a Machado Lopes e, ao indagar de sua posição, ouviu como resposta "sou soldado, e fico com o Exército", até às 11h da manhã da segunda-feira, dia 28, quando o general vai ao encontro do governador, haviam passado apenas 52 horas, mas tudo mudara com a velocidade de um meteoro.

O que ocorreu dentro do III Exército para uma mudança tão drástica? O poder dos Exércitos deriva das armas, mas o poder das armas deriva da obediência. Arma alguma dispara sem comando e – na vida militar – o comando é uma cadeia que começa de cima para baixo, do maior para o menor. Principia no general-comandante e, degrau por degrau, chega ao obediente soldado que executará aquilo que os planos do Estado-Maior arquitetaram.

As posições iniciais de Machado Lopes (e as de seu chefe de Estado-Maior, general Antônio Carlos Muricy) foram de acatamento e obediência às ordens do ministro da Guerra. Mas, enquanto Muricy permanece identificado com o golpe, os acontecimentos concretos tornam-se tão contundentes que o comandante do III Exército se vê obrigado a pesar os resultados de ser obediente. Afinal, a quem devia obediência? À Constituição e à lei, que (em teoria, pelo menos) buscam proteger o povo? Ou à decisão do seu chefe, o ministro, adotada por motivos político-ideológicos e que significaria verter sangue? Numa simplificação do que ocorreu, pode-se dizer que o comandante do III Exército mudou totalmente de posição e tornou-se "um rebelde", como Brizola, ao ser surpreendido por quatro situações inesperadas: 1) a decisão do governador gaúcho, de resistir; 2) a mobilização popular daí decorrente e alimentada pelo rádio como avalanche; 3) a franqueza de dezenas de oficiais que se opunham ao golpe; 4) a ordem do ministro da Guerra de atacar e bombardear o Palácio.

A ordem de bombardeio foi apenas o argumento definitivo, mas não o único. O próprio Machado Lopes indiretamente diz isto no radiograma 247, expedido a todas as unidades do III Exército no Rio Grande do Sul, Santa Catarina e Paraná, minutos após encontrar-se com Brizola:

> Comunico que tendo recebido ordem do Sr. Ministro, intermédio general Geisel, que implicaria deflagrar guerra civil, declarei que não cumpriria e, a partir deste momento, enquanto Comandante III Exército, só cumpriria ordens legais dentro da Constituição vigente.

Só existe "guerra civil" quando dois lados estão em condições de combater. De uma parte, o povo mobilizado em armas; de outra, um exército. Fora disto, não há guerra civil, mas apenas um confronto entre duas facções do mesmo exército.[21]

O caminho que desembocou na decisão formal do comando do III Exército de "não mais obedecer" às ordens de Brasília foi obra coletiva do generalato dos três Estados sulinos, influenciada pela posição da oficialidade e que se gestou a partir da renúncia de Jânio Quadros. A gênese de tudo, no entanto, foram os pronunciamentos de Brizola, que o rádio levou aos quartéis.

– 2 –

Na mesma manhã da renúncia (antes ainda de o gesto de Jânio ser comunicado oficialmente ao Congresso), todos os quartéis receberam "ordem de prontidão", sinal de que poderiam entrar em operações.

---

21. Foi o caso de 1955, quando Lott e Denys deram o "contragolpe preventivo" ao golpe da direita civil-militar.

O DILEMA DO III EXÉRCITO

Na área do III Exército começa, então, uma troca de radiogramas entre os generais. Num dos primeiros, de Santa Maria, no interior gaúcho, o general Pery Bevilacqua pede que o III Exército inste o presidente "a reconsiderar sua decisão" e Machado Lopes lhe responde mandando calar-se, pois a renúncia é irreversível e já há outro presidente. Mas era a confirmação da fama de Pery no Exército, desde cadete: *um irrequieto*.

No sábado, 27 de agosto, Machado Lopes comunica ao ministro que Brizola "resistirá" e, no mesmo radiograma cuidadosamente informa que os generais Pery e Oromar Osório e "grande número de oficiais" optam pela "ideia de ser mantido o princípio constitucional". Ou seja, a posse do vice-presidente. Dizia o radiograma:

> Governador Brizola declarou-me resistirá contra ação impeça posse João Goulart. Coordena ação Brigada Militar nesse sentido. Tenho percebido grande número oficiais ideia ser mantido princípio constitucional, inclusive comandantes 3ª Divisão Infantaria e 1ª Divisão Cavalaria. Todas unidades cumprindo ordens manutenção ordem pública. Situação tensa porém calma todo III Exército".

A resposta do ministro da Guerra é imediata. Ardilosamente, repete o radiograma sobre o envolvimento do marechal Lott por "elementos comunistas", reitera a necessidade de "impedir a posse de Jango" e, ao final, dá nova e importante ordem – "reter em Porto Alegre, sob qualquer pretexto" os generais Pery e Oromar:

> Elementos comunistas Congresso estão perturbando encontro solução legal crise decorrente renúncia presidente. Marechal Lott envolvido por tais agitadores, lançou manifesto subversivo forçando ministro Guerra determinar sua prisão. Ministro pretende defender instituições e manter lei e ordem em todo país mesmo que para isso tenha que impedir posse Jango. Conveniente chamar e reter qualquer pretexto comandantes 3ª Divisão Infantaria e 1ª Divisão Cavalaria em Porto Alegre.

Seis minutos depois, ao iniciar-se a madrugada de 27 de agosto, Machado Lopes responde ao ministro da Guerra:

Entendido, vou providenciar. Situação PAlegre muito tensa. Governador Brizola organizou defesa Palácio e parece ter distribuído armamento civis seus adeptos. Estou vigilante manutenção ordem. Seria todo conveniente encontrar solução legal.

De fato, providenciou. Chamou a Porto Alegre os dois generais que se manifestavam a favor da posse do vice-presidente. Talvez por estranhar aquele insólito chamado à sede do comando, Oromar Osório inventou um pretexto e permaneceu em Santiago do Boqueirão, no meio do pampa agreste, mas tendo sob controle total a estratégica e bem armada 1ª Divisão de Cavalaria. Só Pery Bevilacqua, da 3ª Divisão de Infantaria, atendeu ao chamado. Retê-los em Porto Alegre evitaria que tivessem ascendência sobre os subordinados e os colocaria sob controle do chefe do Estado-Maior do III Exército, general Muricy, totalmente afinado com o golpe.

Nos radiogramas ao ministro, Machado Lopes reitera sempre a conveniência de encontrar uma solução legal para a crise da renúncia. Por que "encontrar" uma solução legal, se a solução estava já na própria Constituição e era, simplesmente, dar posse ao vice-presidente? Naquele momento, "encontrar uma solução legal" significava inventar um leguleio qualquer para afastar o vice-presidente da sucessão. O governador da Guanabara, Carlos Lacerda, já tinha a fórmula pronta[22]: o vice-presidente renunciaria, "num gesto de grandeza" ou, se não se dispusesse a isso, o Congresso o declararia "impedido" de assumir e, logo, escolheria o coronel Juracy Magalhães, governador da Bahia, como novo presidente. Bem-visto na área política, Juracy fora derrotado por Jânio na convenção da União Democrática Nacional que, em 1960, indicou o candidato presidencial e, portanto, seria uma espécie de vice-rei com direito inerente ao posto. Tudo observando, sempre, as filigranas legais da aparência.

A "solução legal" de Lacerda chegou a encontrar eco, num primeiro momento, até em Juscelino Kubitschek (de quem

---

22. Incontestável líder civil da direita-liberal, Carlos Lacerda governava o Estado da Guanabara, denominação dada ao antigo Distrito Federal – o município do Rio –, hoje integrado ao Estado do Rio de Janeiro.

Jango também fora vice-presidente), e era a alternativa preferida dos ministros militares. Assim, não é de estranhar que pudesse ter sido comungada pelo ainda hesitante Machado Lopes nas 48 horas seguintes à renúncia.

Enquanto isso, de um lado, o ministro da Guerra deslocava-se de Brasília ao Rio, onde tinha tropas e o apoio do governador Lacerda. De outro, punha os olhos no Rio Grande do Sul. Na madrugada de domingo, 27 de agosto, Machado Lopes recebe um radiograma do general Orlando Geisel, que em nome do ministro Denys, afirma num alerta:

> Enquanto existir possibilidade de João Goulart assumir Presidência, governador Brizola tem todo interesse manter ordem. Trata-se de um estratagema que só favorece inimigo potencial.

– 3 –

A mobilização popular no Rio Grande do Sul, com epicentro em Porto Alegre, atropelou o encontro de outra solução que não fosse a da Constituição. O próprio Machado Lopes o deixa implícito em seu livro sobre o episódio. Ali está, por exemplo, a nota oficial redigida no domingo, na qual, "para evitar explorações tendenciosas da crise, tranquiliza a população alertando-a de que o III Exército saberá manter a ordem legal e a defesa das instituições". É um compromisso público, mas cauteloso, e que, de fato, repete ideias ou expressões do radiograma do próprio ministro da Guerra – "manter a lei e a ordem e procurar uma solução legal".

Cautelosa é, também, a referência que faz aos radiogramas recebidos dos comandantes de Grandes Unidades e Unidades, "todos protestando obediência e se declarando favoráveis à solução legal da crise" – diz no livro de memórias. Em verdade, mais do que isso, pelo menos quatro desses comandantes – os generais Pery Bevilacqua, Oromar Osório, Sílvio Santa Rosa e Benjamin Galhardo – tinham se declarado pela posse do vice-presidente, no cumprimento da Constituição.

Esta situação obrigou a que Machado Lopes fosse ainda mais cauteloso (ou até reticente) em cumprir a determinação do ministro da Guerra. A ordem de ataque e bombardeio do Palácio foi transmitida ao entardecer do domingo, 27 de agosto, pela fonia do Exército (um sistema de voz via rádio, avançadíssimo na época) e recebida em Porto Alegre pelo general Muricy, chefe do Estado-Maior, que a repassou, evidentemente, ao comandante. Assustadora, por significar a deflagração concreta de guerra civil com o esmagamento da população, a ordem de ataque chegou num momento em que Machado Lopes ainda obedecia a Denys, mas também hesitava: à noite, mandara invadir e ocupar os transmissores da rádio requisitada por Brizola, mas pouco depois retrocedeu e cancelou a operação. De outro lado, sob influência da linguagem franca de Pery Bevilacqua, generais e coronéis começavam a duvidar da legitimidade moral da ordem de Brasília. (A ideia de anular o general Bevilacqua, chamando-o a Porto Alegre, passava a ter efeito contrário ao pretendido: em pleno quartel-general, ele criticava "o uso da violência contra o povo", numa inflamada argumentação que ecoava pelos corredores.)

Antes disso, ainda na tarde de domingo, dois fatos iriam pesar na decisão futura de Machado Lopes e fazê-lo passar da cega obediência ao ministro à hesitação e, logo, da hesitação à desobediência para poder obedecer apenas à Constituição.

Primeiro, os capitães que comandam as seis *companhias* de soldados localizadas na área física que rodeia o comando do III Exército, no centro de Porto Alegre, se reúnem e decidem apresentar-se "em comissão" a Machado Lopes e "pedir uma definição" pelo cumprimento da Constituição. No edifício-sede, o general Muricy tenta evitar o encontro.

– Recordamos o refrão popular do norte, "em tempo de murici cada um cuida de si", e fomos adiante, quase invadindo o gabinete do comandante – lembra agora, cinquenta anos depois, o coronel José Mário Borges Costa, na época jovem capitão de 31 anos e diretor do Depósito Regional de Armamento e Munição.

O comandante do III Exército os recebe de pé e cada um dos seis capitães expõe sua opinião "pelo respeito à Constituição e pela posse do vice-presidente". Machado Lopes, "sisudo e calado", não emite opinião, apenas os ouve. Mas isto já é suficiente. Ali, na área territorial do comando (onde estavam também os QGs da 3ª Região Militar e da 6ª Divisão de Infantaria), aqueles seis capitães comandantes de *companhias* têm a chefia direta de mais de setecentos soldados. De fato, o contingente de recrutas da área central da cidade.

Segundo, e quase na mesma hora, o insucesso da missão do major Etchegoyen desnorteou o comandante. Pelos seis quartéis da área central, colados entre si ou separados apenas pela rua, corria a notícia de que Etchegoyen ia prender Brizola, num assalto relâmpago ao estilo dos "comandos" britânicos na Segunda Guerra Mundial. Uma hora depois, no entanto, ele e seus homens voltam esbaforidos, sem nenhum preso, enxotados da rua pela multidão como se escorraça um cão raivoso do quintal.

Os tanques que, à noite, se deslocaram do quartel da Serraria em direção à sede do III Exército e, a poucas quadras, tomaram posição de combate, iam pesar ainda mais (e definitivamente) na decisão final. Estavam ali para mostrar que, se tivessem que disparar, o alvo dos seus canhões poderia ser o próprio comando. Não o Palácio.

– 4 –

As luzes acesas no quartel-general, na noite de domingo até o amanhecer da segunda-feira, acabaram apontando um único caminho ao general Machado Lopes: levar o gabinete do ministro da Guerra (no eixo Brasília-Rio) a reenviar as instruções e ordens recebidas, no domingo, pelo general Muricy.

Às 9h45 da segunda-feira, 28 de agosto – relata Machado Lopes –, o III Exército recebeu a ordem do ministro da Guerra, transmitida em fonia:

> 1 – O general Orlando Geisel transmite ao general Machado Lopes, comandante do III Exército, a seguinte ordem do ministro da Guerra:
>
> O III Exército deve compelir imediatamente o Sr. Leonel Brizola a pôr termo à ação subversiva que vem desenvolvendo

e que se traduz pelo deslocamento e concentração de tropas e outras medidas que competem exclusivamente às Forças Armadas.

O governador colocou-se, assim, fora da legalidade. O comandante do III Exército atue com a máxima energia e presteza.

2 – Faça convergir sobre Porto Alegre toda a tropa do Rio Grande do Sul que julgar conveniente, inclusive a 3ª Divisão de Infantaria, se necessário.

3 – Empregue a Aeronáutica, realizando inclusive bombardeio, se necessário.

4 – Está a caminho do Rio Grande do Sul uma força-tarefa da Marinha.

5 – Qual o reforço de tropa que necessita?

6 – Aqui há um boato de que o general Muricy viria ao Rio. O ministro da Guerra não quer acreditar nesta notícia e julga que o momento não é mais para parlamentar, mas requer ação firme e imediata.

7 – O ministro da Guerra confia que a tropa do III Exército cumprirá o seu dever.

Era a repetição da ordem recebida, ao final da tarde do dia anterior, pelo chefe do Estado-Maior do III Exército, general Antônio Carlos Muricy.[23] Ali mesmo, na sala do serviço de fonia, às 10h da manhã, em resposta, o comandante do III Exército declarou ao general Geisel que não cumpriria a ordem recebida "por não encontrar apoio legal". Faltava "apoio legal" – argumentou Machado Lopes, tempos depois – porque "vivíamos em normalidade aparente, não tendo o governo federal tomado qualquer medida de exceção, nem decretado estado de sítio nem intervenção no Rio Grande do Sul".

O documento original desapareceu dos arquivos do Ministério da Guerra – hoje denominado Comando do Exército. O próprio general Orlando Geisel, pouco depois do episódio, ante um "pedido de informações" da Câmara dos Deputados,

---

23. A transcrição integral da ordem coincide, em linhas gerais, com a síntese que antecipei no bilhete enviado ao governador ao entardecer de domingo, e captada em fonia pelo radiotelegrafista do jornal, que a memorizou nos pontos essenciais (p. 71 deste livro).

respondeu que tal ordem "não havia sido encontrada nos Arquivos do Exército".

Em seu livro de memórias, Machado Lopes explica, porém, que a ordem, "transmitida por um coronel do gabinete do ministro da Guerra, teve como testemunhas de sua recepção", pelo sistema de voz, outros cinco oficiais "que se encontravam, na ocasião, na sala de comunicações": general Muricy; coronel Virgílio Cordeiro de Melo, comandante interino da 3ª Região Militar; major Harry Schnardnorf, assistente do chefe do Estado-Maior; major Álcio da Costa e Silva, chefe do Serviço de Comunicações e capitão Luís Omar de Carvalho, ajudante de ordens do comandante do III Exército.

– 5 –

Daí em diante, com a decisão já acertada ao longo das "deliberações" da madrugada, tudo se acelera. O próprio Machado Lopes traça um mapa cronológico do que fez após receber pessoalmente a ordem de ataque, às 9h45 da manhã:

Às 10h, responde ao general Geisel e diz que "não cumprirá a ordem recebida, por não encontrar apoio legal".

Às 10h30, "o general Muricy foi mandado ao Rio (onde estava o ministro) para esclarecer a situação do Rio Grande do Sul".

Às 11h, "o comandante comparece ao Palácio Piratini".

A ida de Muricy ao Rio de Janeiro tem, ainda, a intenção de tentar evitar um confronto ostensivo e direto com o ministro da Guerra, levando o chefe do Estado-Maior (totalmente identificado com Denys) a atuar como mediador no desdobramento da situação interna no Exército. Aparentemente, Machado Lopes, mesmo se opondo à ordem do ministro, busca uma espécie de conciliação tácita e antecipada com seu superior, para evitar represálias num futuro que, naquele momento, ainda é incerto.

O chefe do Estado-Maior retorna a Porto Alegre às 12h do dia seguinte, 29 de agosto, e diz ao comandante do III Exército:

"Tudo resolvido. O senhor será chamado ao Ministério, onde o marechal Denys o porá a par de tudo".

Machado Lopes percebe a significação do recado e responde ao general Muricy que, se atender ao chamamento, será "fatalmente preso". Em seguida, informou ao próprio Muricy que "o dispensava das funções de chefe do Estado-Maior do III Exército".

– Não o prendi nem cerceei sua liberdade de ação sob qualquer pretexto. Ao despedir-se, o general Muricy, sensivelmente emocionado, declarou que lamentava minha decisão e que eu seria esmagado rapidamente. Respondi, com calma, ser possível, "mas cairei de pé", completei – relata Machado Lopes.[24]

Um coronel passa a ocupar, interinamente, a chefia do Estado-Maior. Formalmente, o dilema do III Exército está resolvido. E visto de longe ou com os olhos dos civis, tudo parece solucionado. Em verdade, porém, o entrevero recém começa na área militar.

---

24. Do livro do Marechal José Machado Lopes, *O III Exército na crise da renúncia de Jânio Quadros*. Rio de Janeiro: Alhambra, 1980, p. 47.

Capítulo IX

A GRANDE BATALHA

– 1 –

Os rostos mudam a partir daquela segunda-feira 28 de agosto de 1961. Ao unir forças, a integração do III Exército multiplica o poder da mobilização popular e do próprio Brizola. A apreensão dá lugar à confiança e, mais do que tudo, libera iniciativas. Todos, ou quase todos, querem fazer alguma coisa, participar em algo concreto, não apenas sair à rua e mostrar de que lado estão. É assim que surgem os Comitês de Resistência Democrática – lá de baixo, do ventre da população, sem qualquer iniciativa oficial – para dar forma e organizar o que estava nas ruas desde o instante em que os jipes do major Etchegoyen tiveram de recuar, fugindo da multidão. Até então, o povo se mobilizara espontaneamente ou incitado pela palavra de Brizola, mas como algo amorfo e desordenado, sem metas nem tarefas definidas.

O advogado Fernando Barcellos de Almeida redige os estatutos e, junto com outros quinze, instala o Comitê de Resistência Democrática nos imensos salões do "mata-borrão", um prédio público desocupado no centro da cidade, destinado a exposições. (O desenho arquitetônico lembrava um instrumento na época imprescindível nos escritórios para absorver tinta em papel escrito, e hoje inexistente.) Nenhum dos fundadores tem qualquer vínculo com o governo, mas todos são da esquerda, na grande maioria comunistas, militantes de um partido proscrito e ilegal, o PCB, e que ali estão organizando a garantia civil da legalidade que os proscreveu da vida política.

Rapidamente, os comitês, ou comandos, de resistência democrática se expandem pela capital e o interior, especialmente na área metropolitana. Ali, os voluntários se alistam para integrar *corpos provisórios* de combatentes (a mesma denominação da Revolução de 1930) ou servir de enfermeiros, mecânicos, cozinheiros, ajudantes "seja do que for", e até para tocar música e cantar "para as tropas"! Alguns, recebem tarefas acordes à profissão ou local de trabalho. Outros, chegarão, até, a inspecionar postos de gasolina após o governo estadual requisitar "todo o combustível" existente no Rio Grande. Caravanas com homens de bombacha, bota, lenço no pescoço e revólver na cintura chegam para alistar-se no "mata-borrão". No terreno fronteiriço, junto à (então) elegante Avenida Borges de Medeiros, improvisam barracas e, em vez de trincheiras, cavam churrasqueiras. É o pessoal dos CTGs, os Centros de Tradições Gaúchas, estruturados em cada vilarejo do Estado e, pela madrugada, a zona central da cidade se perfuma de churrasco. Até o final dos doze dias da resistência, haverá quase 50 mil inscritos, 12 mil dos quais são mulheres, algo inusitado numa época em que o sexo feminino recém começa a participar da política. Nesse 1961, Porto Alegre tem 660 mil habitantes (a área metropolitana menos de 1 milhão) e, nas ruas, o revólver na cintura passa a fazer parte do traje masculino. Alguns, por exibicionismo ou lúdica extravagância, outros atentos a qualquer necessidade – em todos, porém, a arma define uma posição. Quando, às vezes, aparece até nas mulheres, ninguém reclama, pois não é berloque, mas postura política.

Surgem os comitês setoriais. O Comando Sindical Gaúcho Unificado, encabeçado pelos trabalhadores do setor elétrico Álvaro Ayala e Jorge Campezzato, forma núcleos de resistência nas fábricas, alistando voluntários ou arrecadando alimentos. Com apoio dos estudantes, organizam "batalhões operários" que recebem treinamento de tiro e "ordem unida" no campo semiabandonado do Esporte Clube São José, pelos lados do aeroporto. No dia 30, cerca de quatro mil trabalhadores e estudantes reúnem-se junto ao cais, defronte ao Mercado Público, e dali marcham ao Palácio Piratini, em formação militar. São os *batalhões civis*. Não empunham armas e só a vanguarda leva bandeiras. É a cena auge da mobilização popular, marcada numa fotografia aérea de Eurico Tavares, que ocupará toda a contracapa do jornal *Última Hora* do dia seguinte.

Todos buscam fazer alguma coisa. Até a programação de cinema – a grande diversão e entretenimento da época – participa da mobilização. Naquela segunda-feira em que os filmes mudam, *O grande ditador*, de Charlie Chaplin, volta a cartaz em três sessões diárias, sempre repletas, num dos grandes cinemas do centro. A página cinematográfica de *Última Hora* cita o discurso do filme num enorme título: "Chaplin atual: Soldados, em nome da democracia, unamo-nos".

– **2** –

Mas, falta um hino, e o Comitê dos Intelectuais se encarrega disso. Nascido e instalado no Teatro de Equipe por iniciativa dos seus atores e de artistas plásticos, permanece "em sessão permanente" pelas madrugadas afora.[25] É aí que a poeta Lara de Lemos (que detestava ser chamada de poetisa) compõe, em minutos, a letra do Hino da Legalidade, e o ator Paulo César "Pereio" faz a música, também às pressas, tomando alguns compassos da *Marseillaise*, pois o tempo urge. A letra é uma convocação:

"*Avante, gaúchos, de pé / unidos pela liberdade...*". O onipresente secretário de Imprensa Hamilton Chaves substitui "gaúchos" por "brasileiros" e surge o hino definitivo:

"*Avante, brasileiros, de pé / unidos pela liberdade / marchemos todos juntos / com a bandeira / que prega a lealdade. / Protesta contra o tirano / te recusa à traição / que um povo só é bem grande / se for livre toda a nação*".

---

25. O Teatro de Equipe foi ativo núcleo da resistência. Mário de Almeida, Paulo José, Milton Mattos, Fernando Peixoto, Paulo César "Peréio", Lilian Lemmertz, Moema Brum, Ivete Brandalise e outros, mais artistas plásticos como Vasco Prado, Glênio Bianchetti, Zorávia Bettiol, Xico Stockinger, Danúbio Gonçalves, Leo Decxheimer, Regina Silveira e Joaquim Fonseca, ou poetas como Fernando Castro e Lara de Lemos, junto a arquitetos e outros profissionais, fizeram, até, trabalho de rua com estudantes e operários.

A regente Madeleine Ruffier faz o arranjo final e, em horas, o coral da Rádio Farroupilha grava o disco. E já na manhã da terça-feira, 29 de agosto, os versos diretos e a música pegadiça do Hino da Legalidade tornam-se a convocatória principal da rádio, cada vez mais presente em cada lugar – quartéis, trabalho ou lar.

A marcha dos *mariners* dos Estados Unidos (que, por acaso e inocência, fora usada até então por falta de outro disco) é descartada definitivamente.[26]

Na rádio, o hino antecede agora todos os avisos ou comunicações importantes e, mais do que tudo, gera uma cadeia de solidariedade jamais vista num Estado secularmente dividido por rixas políticas. Em São Leopoldo, próximo à capital, o Hospital Centenário inicia uma campanha de coleta de sangue, imitada de imediato noutros municípios. Em Porto Alegre, os estudantes instalam um banco de sangue no restaurante universitário e o Hospital de Pronto-Socorro põe em prática um plano de atendimento para calamidades públicas e desastres, com vistas aos dias que virão.

– 3 –

O Rio Grande do Sul está em rebelião, militares e civis irmanados.

– Se estamos em desobediência aos ministros militares, por que a rádio continua fora do ar? –, perguntou João Baptista Aveline, chefe do Departamento de Notícias da Rádio Gaúcha, a Maurício Sirotsky, diretor da emissora fechada pelo III Exército por transmitir o pronunciamento inicial de Brizola.

O governo estadual age, porém, com cautela em tudo que implique "conflito legal" e a Rádio Gaúcha é "requisitada" pelo presidente da Assembleia Legislativa, Hélio Carlomagno, para transmitir suas sessões. Duas ou três horas depois, no entanto, instala-se também nos porões do Palácio Piratini.

---

26. Mais tarde, o publicitário Demóstenes González aparecerá como coautor, pois a lei exigia alguém com registro na Ordem dos Músicos.

Surge, então, a Cadeia da Legalidade, que à meia-noite do dia 28 conta já com as cinco emissoras da capital e, na manhã seguinte, irá alastrar-se como aluvião pelos três Estados do Sul.[27] Dois dias depois, a Cadeia da Legalidade contará com mais de 150 emissoras dos três Estados do sul, além da Rádio Brasil Central e duas outras de Goiás.

A Cadeia da Legalidade cria novo impacto na mobilização, pois é agora a única voz informativa. "Cada pessoa, homem ou mulher, civil ou militar, com seu rádio, em qualquer lugar", poderia até ter sido o lema. Praticamente toda a população está imersa no movimento e ninguém se interessa por outro assunto que não seja a rebelião pela legalidade. Dobrou-se até o futebol, que já naquele tempo era forte e atuante. Como se fosse "entrar em campo", a equipe inteira do Cruzeiro (a terceira de Porto Alegre) comparece ao Palácio, levada por seu presidente, o advogado Pinheiro Machado Neto, e pelo patrono do clube, Ernesto di Primio Beck, para "colocar-se à disposição" do governador. O gesto é imitado no dia seguinte pelos presidentes do Internacional e do Grêmio.

O mais respeitado cronista desportivo gaúcho, Cid Pinheiro Cabral, decide fazer uma pausa em sua coluna diária na *Folha da Tarde* e explica:

> É difícil manter um comentário desportivo num clima como este em que vivemos. Não há assunto nem alma. Como falar em bolas, quando talvez estejamos à mercê de balas? Noutros tempos, e quando a revolução se fazia por trâmites mais românticos, provavelmente eu escreveria que encerrava para voltar só depois que a cavalaria gaúcha pisasse a grama da Praça dos Três Poderes, em Brasília. Mas, no estilo moderno das revoluções, que se pode dizer? De minha parte, sairei do ar para voltar só depois que passe o império da bala e volte o da bola... Até lá, portanto.

---

27. João Aveline era, também, editor e repórter sindical da *Última Hora* e dele partiram as iniciativas para arregimentar os trabalhadores no Movimento da Legalidade.

– 4 –

Tudo isto é a definição concreta do estado de beligerância. Agora, há duas forças em confronto e o antagonismo faz-se nítido e definitivo a partir do dia 29, quando o general Machado Lopes recebe, por radiograma cifrado, um boletim de notificação:

> Número 13 Boletim Notificação de 29 ago, solicito vinda vossência, ainda hoje, esta Capital, fim inteirar-se situação e receber instruções. Marechal Odylio Denis ministro da Guerra.

É a formalização do recado trazido do Rio, pouco antes, pelo general Muricy. O radiograma chega às 14h, mais de um dia após a visita de Machado Lopes a Brizola, mostrando, assim, que o alto-comando – totalmente surpreendido com a integração do III Exército à rebelião legalista – titubeou, sem ter outro caminho a não ser a convocatória. Pela lógica da disciplina militar, o general sabe que será preso e destituído caso se apresente ao marechal-ministro e, com a presença dos generais Pery Bevilacqua e Sílvio Santa Rosa, reúne o Estado-Maior. Às 18h, a reunião conclui com uma decisão unânime: o III Exército não mais acatará ordens do ministro da Guerra, marechal Denys, e dele se desvincula totalmente.

Aparentemente para ganhar tempo em termos de mobilização militar, só às 9h10 da manhã do dia seguinte, 30 de agosto, pelo radiograma 264, Machado Lopes comunicará oficialmente a decisão ao próprio ministro Denys:

> Terceiro Exército perfeitamente coeso não mais acatará ordens V Excia e agirá por conta própria dentro da ideia de manter o regime liberal democrata cristão, assegurando integral execução da Constituição vigente sem qualquer modificação nela seja porventura introduzida. General Machado Lopes comandante III Exército.

O radiograma contém, inclusive, um indireto recado aos políticos que, em Brasília, preparam "uma saída para a crise política" através de uma modificação constitucional que declare o "impedimento" do vice-presidente, para o Congresso escolher um novo chefe de Governo. Mais do que tudo, porém, a mensagem define o ponto de inflexão das ações militares: até então, tudo fora encoberto, com as artimanhas guerreiras em surdina, e, agora, a guerra vai tornar-se aberta. O ministro Denys está no Rio, junto com os da Marinha e Aeronáutica e é evidente que a retaliação contra o Sul e o III Exército será pelo ar e pelo mar.

Surge, então, a primeira ordem de preparação de defesa: deslocar de Caxias do Sul para Porto Alegre o 3º Grupo de Canhões Antiaéreos. As velhas metralhadoras antiaéreas da Brigada Militar gaúcha (compradas na Tchecoslováquia em 1937 pelo governador-interventor Flores da Cunha) permanecem nos terraços do Palácio, mas a cidade passa a ser protegida por armas modernas que alcançam grandes altitudes.

"Não daremos o primeiro tiro, mas o segundo será nosso" – tinha dito Brizola pela Cadeia da Legalidade, e o III Exército acompanha o governador: em plena tarde, os canhões do 3º Grupo Antiaéreo apenas observam e seguem o rastro dos aviões de cor preta que fazem um voo rasante e rápido – mas atemorizador – sobre a cidade e, logo, tomam altura soltando panfletos. Milhões de panfletos de "alerta à população" sobre "a sublevação comunista do governador", pedindo que "os pais não entreguem os filhos ao comunismo de Brizola e do III Exército". São cinco aviões pretos e voam de um a um, separados, não em esquadrilha de combate. De onde vêm? Da distante base de Salvador, na Bahia, ou do porta-aviões que navega rumo ao Sul?

Depois, vão sobrevoar os quartéis dos municípios do interior. Em cada cidade, o mesmo: um voo rasante para atemorizar, logo os panfletos. No dia seguinte, reaparecem os aviões pretos, agora a maior altitude, até porque chove muito, e soltam panfletos dirigidos aos oficiais e soldados: "Salvem a Pátria do comunismo! Desobedeçam a Machado Lopes, pois não comanda mais o III Exército", "O general Cordeiro de Farias é o único chefe do III Exército".

– 5 –

Sim, o general Osvaldo Cordeiro de Farias foi oficialmente nomeado comandante do III Exército pelo ministro da Guerra, em substituição a Machado Lopes. Nunca, porém, assumiu o posto nem sequer pôde chegar a qualquer dos três Estados do Sul. A destituição de um e a nomeação do outro resumiram-se a quatro linhas publicadas no *Diário Oficial*, em Brasília. Nada mais. Cordeiro de Farias era gaúcho e, quando coronel, tinha governado o Rio Grande do Sul nos idos de 1939 a 1942 como Interventor Federal designado por Getúlio Vargas e, desse tempo, guardava ainda alguns contatos na Brigada Militar, o que deve ter pesado na escolha do marechal Denys. Mas os contatos falharam já no telefonema inicial, quando Cordeiro conversou com seu antigo ajudante de ordens e "gaúcho de confiança" e ouviu algo inquietante:

– A situação do nosso lado está difícil, nossos apoios são mínimos ou nulos, general. A Brigada Militar e o III Exército querem prendê-lo no aeroporto! – disse-lhe o coronel Walter Peracchi Barcellos, francamente. Três anos antes, Peracchi fora derrotado por Brizola na eleição de governador e nesse 1961, mesmo a favor do golpe, não teve qualquer possibilidade de influir a favor de seu antigo chefe.

A destituição e substituição de Machado Lopes foi respondida pelo comando do III Exército com uma ordem concreta a todos os quartéis: prender o general Cordeiro de Farias e seus emissários ao entrarem em qualquer ponto do Rio Grande do Sul, Santa Catarina e Paraná. Em Porto Alegre, a Polícia Civil esperava ao pé da escadinha dos aviões e identificava, de um a um, os passageiros vindos do Rio e São Paulo, num tempo em que só se dizia o nome, e nada mais, para viajar dentro do país. A vigilância minuciosa continuou até mesmo após o dia 31 de agosto, quando se suspenderam os voos para São Paulo e Rio e os aviões se limitaram à rota Porto Alegre-Curitiba. Para afastar a humilhação de ser preso (pela Polícia Civil...) na chegada ao aeroporto da capital gaúcha, Cordeiro de Farias aparentemente tentou desembarcar na Base Aérea, a quinze quilômetros. Na noite de 30 de agosto, um jatinho *Paris* de dois lugares, vindo do Rio, pousou na pista e o piloto, ao perceber que a Base estava sob o comando dos rebeldes-legalistas, pediu para ser reabastecido e retornou, sem que seu passageiro desembarcasse. Só poderia ser ele, ninguém mais.

O general tentou ainda outra alternativa: consultou o governador do Paraná sobre a possibilidade de instalar o Comando em Curitiba, sede da 5ª Região Militar, na jurisdição do III Exército. De lá, comandaria "a retomada". Propenso a aceitar, o governador (e major do Exército) Ney Braga empalideceu ao expor a ideia ao general Benjamin Galhardo:

– Se ele pisar em solo do III Exército, tenho ordens de prendê-lo, e vou executar –, respondeu o chefe da 5ª Região Militar.

– 6 –

Enquanto Cordeiro de Farias tenta chegar ao Sul, Brizola envia ao Rio de Janeiro o jornalista e publicitário Josué Guimarães, para lá montar um retransmissor da Cadeia da Legalidade, fazer contatos e recolher informações. Josué embarca no derradeiro voo, levando na memória um "plano de operações", que inclui localizar oficiais nacionalistas e de esquerda, principalmente da Aeronáutica. A Base Aérea de Canoas está "com a Legalidade" e repleta de bombas e armamento, mas isto pouco serve: os pilotos voaram com os aviões desarmados a Cumbicas, em São Paulo. Uma de suas missões é "conseguir aviões e pilotos" dispostos a virem ao Sul.

Mas não consegue chegar a nenhum dos seus contatos militares. A começar pelo brigadeiro Francisco Teixeira – que conheceu através de "uns escritores comunistas do Rio" –, todos estão presos. Com ajuda do cronista Fernando Sabino, do psicanalista Hélio Pellegrino e de jornalistas e intelectuais, Josué (que, anos depois, vai se revelar excelente romancista) instala um transmissor portátil numa camioneta "kombi" e, do Alto da Boa Vista, de Teresópolis e Nova Friburgo envia informações ao Palácio Piratini. Os goniômetros do Exército e da polícia, porém, esquadrinham todos os ângulos, localizam o transmissor e ele encerra as transmissões. O DOPS, a polícia política do governador Lacerda, faz buscas minuciosas e, daí em diante, Josué se dedica, mais do que tudo, a salvar-se dos "tiras" que o farejam pela cidade.

Mesmo assim, encontra-se com o governador de Minas Gerais, Magalhães Pinto, que o leva aos governadores da Bahia,

Paraná e Espírito Santo, que estão no Rio, para uma reunião com o marechal Denys. Articula, inclusive, a ida de todos eles a Porto Alegre, no avião DC-3 do governo paranaense, mas, em São Paulo, o governador Carvalho Pinto diz que "o voo é temerário" e a viagem se cancela.

Atarefado com os governadores, Josué pede que um dos oficiais de gabinete de Brizola, Danilo Groff, que casualmente está no Rio, telefone ao Palácio Piratini. Eu atendo (também casualmente) e, ao identificar minha voz, Danilo diz em "código", para despistar a censura:

– Magro, explica ao homem que temos quatro pássaros... – fez uma pausa, como se pensasse as palavras seguintes, e repetiu – quatro pássaros de bom tamanho, rápidos, muito rápidos, mas o problema é que, é que... – titubeou outra vez, e concluiu – o problema é que só encontramos dois pilotos...

Outras das missões de Josué Guimarães era furar o bloqueio noticioso e fazer chegar à imprensa e aos militares a informação de que Cordeiro de Farias seria preso ao descer em território do III Exército. E, de novo em "código", ouço uma informação:

– Magro, todo mundo aqui já sabe que o grandalhão deles não vai chegar aí. Entendeu, Magro?

Meus contemporâneos de vida universitária chamavam-me de "magro". Naquele dia, o telefonema tinha um som tão diáfano e o código fora tão minucioso que até o general Cordeiro de Farias já devia saber que, no Sul, havia um magro que atendia ao telefone...

Em definitivo, Legalidade e clandestinidade só tinham rima, nada mais.

– 7 –

Além de cérebro pensante do setor liberal-americanófilo, Cordeiro de Farias era chefe do Estado-Maior do Exército e, portanto, o segundo na hierarquia, abaixo apenas do próprio Denys. A humilhação pelo insucesso da "nomeação" não vinha só disso. Há dezenas de anos, Cordeiro era a "cabeça militar iluminada", participante da política e ativo também entre os civis. Oficial brilhante, membro do "movimento dos tenentes" que queria mudar a "velha República carcomida", rebelou-se em 1923 e participou da Coluna Prestes, combatendo sob o comando do "Cavaleiro da Esperança". Separaram-se politicamente quando o jovem capitão Luís Carlos Prestes, no exílio em Buenos Aires, tornou-se comunista. Cordeiro voltou ao Exército, ficou com Getúlio Vargas e contra a rebelião comunista de 1935. Mais tarde, já coronel, governou o Rio Grande do Sul, como Interventor Federal designado por Getúlio. Com dinamismo, impulsionou a construção de ferrovias, rodovias, portos fluviais e escolas públicas. Deixou o cargo em 1943, foi promovido a general, fez cursos nos Estados Unidos e, depois, comandou a artilharia da Força Expedicionária Brasileira na Segunda Guerra Mundial, na Itália. Portanto, um respeitável comandante provado na guerra. Tão respeitado que, em outubro de 1945, no Rio, quando o Exército decidiu depor Getúlio, ele foi incumbido de comunicar a decisão ao presidente e mandar que arrumasse as malas e fosse para a casa em São Borja, no sul dos pampas.

O refrão popular de "quanto mais alto se chega, maior a queda" (e a humilhação) aplica-se, em 1961, a Cordeiro de Farias. Nos anos 1950, após comandar o IV Exército, em Recife, é eleito governador de Pernambuco e se torna um dos eixos políticos do nordeste. Não é, porém, apenas um pragmático no terra a terra eleitoral. Num tempo em que a Guerra Fria domina o planeta e os Estados Unidos criam e açulam o fantasma do anticomunismo, ele é o teórico dos liberais americanófilos nas Forças Armadas. Como tal, organiza a Escola Superior de Guerra, a alta academia que implanta no Brasil os conceitos de beligerância do *War College* dos Estados Unidos, levando as Forças Armadas a vislumbrarem "inimigos internos" em toda manifestação ou reivindicação popular, pois atrás delas "pode estar a subversão comunista e o dedo de Moscou"...

– 8 –

Osvaldo Cordeiro de Farias é o grande general, a figura mais capaz e capacitada dentro do Exército, mas perde a grande batalha de 1961. Nunca conseguirá assumir o comando do III Exército, nem sequer desembarcar no território de sua jurisdição.

(De todos os personagens da crise de 1961, militares ou civis, Cordeiro de Farias era o único que eu conhecia pessoalmente desde meus cinco anos de idade. Em 17 de julho de 1939, quando governava o Rio Grande do Sul, ele foi inaugurar uma ponte no interior, unindo o município de Lajeado a Arroio do Meio, onde o prefeito, Aristides Hailliot Tavares, meu pai, preparou-lhe uma recepção calorosa, com caminhadas pelas ruas, ovacionado pela população, com colegiais desfraldando bandeirinhas do Brasil à sua passagem. Logo, um "desfile militar": os cinco praças da Brigada assentados na cidadezinha, mais o cabo comandante, marcharam à frente dos trinta rapazes do Tiro de Guerra que prestavam o serviço militar, em continência ao coronel Osvaldo Cordeiro de Farias, Interventor Federal no Estado.

Agora, mesmo general, nem esse tipo de saudação ele podia pensar em receber, de novo, no Rio Grande do Sul. Os dezenove anos transcorridos de sua saída do governo em 1942, em pleno período ditatorial do Estado Novo, tinham apagado os vestígios da sua autoridade e prestígio. Nesse 1961, ele estava tão distante e olvidado no Sul, que nem seu antigo ajudante de ordens pôde ajudá-lo a desembarcar em Porto Alegre, mesmo sendo o principal líder antibrizolista do Estado. Ou, talvez por isto...

Cordial e educado, Cordeiro não era homem vingativo. Mas o episódio deve ter-lhe pesado tanto que, menos de três anos depois, ele despontará como o grande articulador do golpe de Estado de 1964).

Mais do que tudo, o insucesso de Cordeiro humilha a todo o dispositivo militar dos ministros Denys, Grün Moss e Sílvio Heck, que, a partir de então, passam a ser chamados de "os três patetas" por seus próprios camaradas de armas. Sem um tiro de nenhum lado, tinham perdido a grande batalha e sacrificado o grande general!

Capítulo X

As bombas da guerra

– 1 –

Antes que se chegasse a tudo isto, porém, a guerra já tinha começado. Antes até de que Machado Lopes visitasse Brizola ou que o general Cordeiro de Farias não pudesse descer em nenhum aeroporto da área do III Exército nem se animasse a viajar por terra, a guerra já tinha se iniciado a poucos quilômetros de Porto Alegre. E seria impiedosa, sangrenta e de pânico, ou pelo menos tudo foi preparado para que fosse assim se, antes de explodir a primeira bomba, algumas coisas não tivessem ocorrido.

O que define o horror horripilante da guerra, temido por todos, não são os canhões fumegantes, mas a crueldade e a insensatez de matar a esmo. Os canhões de batalha (pelo menos em teoria) têm alvo certo e obedecem a um confronto militar em que dois lados se atacam mutuamente, um cá e outro lá, com posições definidas até nas cartas geográficas. A carnificina, porém, obedece apenas à ânsia de aniquilar, matar por matar, seja a quem e como for. Os bombardeios aéreos, por exemplo, deram à guerra moderna um tom delirante de matança indiscriminada. A vítima é a população civil, nem sequer "o inimigo".

Naquela noite de 28 de agosto de 1961, a quinze quilômetros de Porto Alegre, o comandante da Base Aérea de Canoas, tenente-coronel Honório Pereira Magalhães, mandou armar o dispositivo de matança: chamou o major Cassiano Pereira, comandante do 1º Esquadrão do 14º Grupo de Aviação de Caça e ordenou preparar os jatos *Gloster Meteor* para "silenciar Brizola pelo ar", bombardeando o Palácio, a praça e adjacências e, logo, as torres de transmissão da Cadeia da Legalidade. Os dezesseis pilotos – todos tenentes entre 23 e 29 anos – ouviram a ordem militarmente, decididos a cumpri-la, sem analisar ou pesar outra consequência que não fosse a de destruir e matar. Com a disciplina de quem sabe obedecer, prepararam os aviões depois de ouvirem o plano de ação: se as tentativas de convencer Brizola a terminar com as transmissões não surtissem efeito, o bombardeio começaria ao raiar do dia.

Que dano a palavra de Brizola provocava na Aeronáutica para que a retaliação fosse tão dura?

– 2 –

O tenente-aviador Osvaldo França Júnior tinha 23 anos em 1961 e, disciplinado, acatou a ordem, como todos os demais. Mais de duas décadas depois, no Rio, num desabafo ao jornalista Geneton Moraes Neto, contou os detalhes da preparação da matança:

– O comandante do esquadrão nos reuniu e disse: "Acabamos de receber ordem para silenciar Brizola. Vamos tentar convencê-lo a parar com esse movimento de rebeldia. Se não parar, vamos bombardear o Palácio e as torres de transmissão da rádio que ele vem usando para a Cadeia da Legalidade. Vamos fazer tudo às 6h da manhã. Vamos tentar dissuadir Brizola até essa hora. Se não conseguirmos, vamos bombardear". Ouvimos essas palavras do comandante. Todo oficial tem uma missão em terra, além de piloto de esquadrão. Eu era chefe do setor de informação. Recebi ordens de calcular o quanto de combustível ia ser usado e quanto tempo os aviões poderiam ficar no ar. Dezesseis aviões foram armados para a operação. Pelos meus cálculos, íamos pulverizar o Palácio do Governo! O armamento que tínhamos em mãos era para pulverizar o Palácio. Um ataque para acabar com tudo o que estivesse lá. Não ia haver dúvida. Nós nos preparamos. Os aviões foram armados. Colocamos as bombas e os foguetes e ficamos somente esperando chegar a hora, quando o dia amanhecesse.[28]

"Pulverizar o Palácio", sim, esta era a ordem e todos iam cumpri-la, sem titubeios e sem medidas, mesmo sabendo que corriam algum risco, pequeno, mas risco, enfim. O tenente Osvaldo França Júnior recorda:

– Havia gente armada lá, mas não ia adiantar nada diante do ataque que iríamos deflagrar com nosso tipo de avião, um jato britânico que na FAB chamávamos de F-8. Podia ser que um ou outro avião caísse, o que não impediria de maneira nenhuma o ataque e a destruição do Palácio. Nós iríamos usar bombas de 250 libras e quinze foguetes. Cada avião levava quatro bombas de 250 libras, além de quatro canhões. Eu digo: íamos pulverizar tudo! O armamento não era para intimidar...

A obediência militar existe para ser cega, sem consciência nem medida. Na guerra, seria absurdo permitir que o soldado analise, medite e critique a ordem de ataque, pois está em jogo sua própria vida, já que o inimigo ataca também e pode matar antes de ser morto, pulverizar antes de ser pulverizado. Mas, nesse agosto de 1961, o "inimigo" do comandante e dos pilotos da Base Aérea está no ar, sim, mas não tem aviões nem ataca. Está no ar com a voz. Os pilotos vão atacar a voz do governador, lançar bombas sobre o que ele diz e em cima dos apelos que faz! Nem as longas horas de espera, noite adentro e madrugada afora fizeram com que os pilotos se questionassem sobre o que iriam fazer. Conta Osvaldo França Júnior:

– Durante o tempo em que ficamos esperando, nós todos sabíamos que iríamos matar muita gente. Num ataque como aquele ao Palácio, bombas e foguetes cairiam na periferia. Muitas pessoas iriam ser atingidas. Além de tudo, Brizola estava com a família no Palácio, cercado de gente. Mas íamos decolar para o ataque, sim!

Por que ninguém pôs em dúvida a ordem? O tenente de 1961 explica:

---

28. Do livro de Geneton Moraes Neto, *Dossiê Brasil:* as histórias por trás da História recente do Brasil. Rio de Janeiro: Objetiva, 1997.

— O militarismo tem dois alicerces básicos, nos quais não se pode mexer: a disciplina e a hierarquia. Toda a carreira, todos os valores, todo o futuro do militar é garantido em cima desses dois suportes. Um militar sabe exatamente o que vai acontecer com ele daqui a dez ou vinte anos, baseado nessa hierarquia e nessa disciplina. Isso dá segurança e um "espírito de corpo" bem desenvolvidos. Mas, diante de nós, os tenentes que íamos fazer o ataque e não estávamos incluídos na alta cúpula, apresentou-se uma incoerência: se o presidente da República, chefe supremo das Forças Armadas, renunciou, automaticamente quem deve assumir é o vice-presidente. Nós nos perguntávamos ali: por que o Estado-Maior – que não fica acima do presidente da República – pode determinar que um vice-presidente não pode assumir? Então, há uma incoerência interna na hora de obedecer a uma ordem assim. Por quê? Porque aquela ordem, em princípio, já quebrava a hierarquia, a base do sentimento militar. Nós começamos a pensar. Mas íamos decolar, sim, para o ataque!

Havia consciência sobre a "incoerência" da ação, mas, mesmo assim, "iam decolar para o ataque". O desabafo do tenente de 23 anos ocorreu 26 anos mais tarde, quando já havia saído da Força Aérea, expurgado após o golpe de Estado direitista de 1964. Quando contou tudo, Osvaldo França Júnior já era romancista conhecido, de prosa enxuta e raciocínio profundo, mas nunca conseguiu escrever sobre o episódio de 1961. Aquele horror premeditado, com o qual todos os jovens pilotos haviam concordado, marcou de tal forma e tão profundamente a cada um deles que acabou imobilizando o escritor que França Júnior veio a ser mais tarde. Seus contos e romances apelaram à ficção para relatar dramas humanos, sem que ele pudesse contar, como testemunha e participante, a situação mais dramática que um ser humano pode viver – a de preparar-se para matar outros seres humanos como se eliminasse insetos, a esmo.[29]

---

29. Excluído da Aeronáutica em 1965 pelo governo ditatorial, por suspeição de "subversivo e pró-comunista", o escritor Osvaldo França Júnior morreu num acidente de automóvel em Minas Gerais, seu Estado natal, em 1989.

– 3 –

Lembro-me nitidamente da cena: à noite, no pátio do Palácio Piratini, diviso três homens com metralhadora a tiracolo, gorro da Aeronáutica à cabeça, blusões de couro preto por cima da farda de sargentos. Nervosos e sisudos, querem falar "só com o governador", pois o assunto é "secreto e urgente". Um deles diz ao oficial da Brigada Militar que se chama Ney de Moura Calixto e é "primo do governador". Entram ao gabinete e, meia hora depois, Brizola os envia ao comando do III Exército para relatarem ao general Machado Lopes o mesmo que lhe haviam revelado.

Os sargentos Álvaro Moreira Oliveira, Moacyr Paluskievics e Moura Calixto, com uma dezena de outros, tinham esvaziado os pneus e desarmado os dezesseis caças a jato que se preparavam para bombardear o Palácio. De um a um, deixaram os aviões sem condições de decolar. Uma perseguição feroz instalou-se na Base, então. Os sargentos e oficiais legalistas sofriam, agora, vexames e humilhações por parte do comando e parecia iminente um confronto armado interno.

A reação contra o bombardeio havia começado quando o sargento Álvaro Oliveira, fingindo ler os murais afixados junto ao Cassino dos Oficiais, escutou as conversas sobre o ataque. Um capitão pressentiu o intruso e o ameaçou com a pistola. Outro sargento puxou o revólver em sua defesa e os dois lados desistiram de disparar ou enfrentar-se. Mas estava definida a guerra interna e, nela, os subalternos foram mais rápidos: recorreram os hangares e a pista, meteram-se em cada um dos *Gloster Meteor*. O comandante da Base Aérea berrava contra "os comunistas infiltrados entre a sargentada e até entre oficiais", pois os caças não mais tinham condições de decolar. Os próprios pilotos poderiam, até, rearmá-los, recolocar os foguetes e as bombas de matar, mas as outras bombas – as de inflar – tinham sido escondidas pelos sargentos e, assim, encher os pneus ou substituí-los, dependia deles. Só deles.

Confuso, sem definir-se, o comandante da 5ª Zona Aérea, brigadeiro Aureliano Passos, tinha assegurado ao general Machado Lopes que não cumpriria a ordem de bombardear, mas, em verdade, limitou-se a repassá-la ao comandante da Base, seu subordinado imediato. E, agora, o maior reduto aeromilitar do Sul estava à beira do caos.

O general Machado Lopes ouviu o relato dos sargentos da Aeronáutica, felicitou-os pela "patriótica iniciativa" e mandou tropas do Exército ocuparem a Base "para repor a ordem". Por ironia, inadvertência ou propositado escárnio, o comandante da tropa ocupante é o major Leo Etchegoyen, aquele dos jipes que "iam prender Brizola" e que voltaram ao quartel sob os gritos de moços e moças na rua. E assim, aquilo que não conseguira fazer no Palácio, o major fez com a totalidade dos sargentos: da madrugada da terça-feira até o meio-dia, deixou-os "em forma", alinhados na pista, detidos sob a mira de metralhadoras.

– 4 –

O que tinha pretendido o comandante do III Exército: enquadrar o major, confiando-lhe a missão para provar a obediência e disciplina? Ou enquadrar os sargentos que se haviam rebelado contra os oficiais? Em qualquer caso, o cearense Machado Lopes tinha lançado mão da estrovenga, uma foice de dois gumes que corta para um lado ou outro, comum na lavoura em seu estado natal. E, horas depois, os dezesseis caças a jato, de pneus cheios, mas sem qualquer arma, às pressas deixam o Rio Grande do Sul em fuga, e decolam rumo à Base Aérea de Cumbicas, em São Paulo. Os comandantes da 5ª Zona Aérea e da Base de Canoas desertam de seus postos e viajam para o Rio. Todos os foguetes e bombas, porém, ficam em terra.

A situação só se normaliza quando o tenente-coronel Alfeu Alcântara Monteiro ocupa a sede da 5ª Zona Aérea e assume o comando por conta própria, apoiado por oficiais legalistas e pelos sargentos. Piloto de acrobacias na juventude e um dos "ases" da FAB, cujo avião passava por baixo de pontes fazendo estremecer as águas, Alfeu está agora rodeado de bombas de 250 libras e foguetes, sem nenhum piloto nem qualquer caça a jato, mas a Base Aérea já não vai ameaçar o Palácio nem a população. O major Mário Oliveira e o capitão Alfredo R. Daudt ficam no controle da base, mesmo com poder de ação reduzido.

As demais unidades da Aeronáutica passam a concentrar seu poder de fogo em São Paulo. De lá, da Base Aérea de Cumbicas, o ministro Grün Moss (em apoio às ações terrestres do marechal Denys) quer comandar o contra-ataque aéreo às tropas que venham do Sul.

– 5 –

Dois anos e meio depois, em 2 de abril de 1964, consumado o golpe militar direitista, o tenente-coronel Alfeu Monteiro foi morto com quatro tiros pelas costas no próprio gabinete da 5ª Zona Aérea, ao recusar-se a entregar o comando da Base de Canoas e a ser preso por seus colegas golpistas. "Não posso ser preso. Não cometi delito algum, apenas defendi o governo constitucional, como manda o regulamento", foram suas últimas palavras. O assassinato foi encoberto e oficializado como "disparo acidental". Quatro "disparos acidentais", um em seguida ao outro, diretos ao tórax e ao coração...

Os sargentos e suboficiais que esvaziaram os pneus e impediram o bombardeio foram expurgados da Aeronáutica logo após o golpe de Estado de 1964. De um a um, foram todos punidos.

O tenente Osvaldo França Júnior permaneceu na Força Aérea, mas em outubro de 1965 foi expulso sumariamente das fileiras militares. Não foi punido por ter-se preparado para bombardear o Palácio em 1961, mas porque essa ordem tinha sido para ele "um divisor de águas" em sua consciência de militar obediente. Assim, mais de vinte anos depois, quando o entrevistou sobre o episódio, o jornalista Geneton Moraes Neto ainda arriscou uma pergunta definitiva e final:

– Como militar, cumpriria sem discussão a ordem de bombardear o Palácio para eliminar fisicamente o governador?
– e a resposta de Osvaldo França Júnior foi também definitiva:
– Naquelas circunstâncias de Porto Alegre, eu obedeceria, sim. Obedeceria! Um ou dois meses depois eu iria questionar. Por quê? Porque ali foi um ponto de ruptura, um divisor de águas. Mas naquelas circunstâncias de Porto Alegre, eu obedeceria, sim!

E ainda frisou, numa lembrança trágica:
– Se o pessoal de apoio da Base Aérea não tivesse impedido a decolagem dos aviões, nós teríamos destruído o Palácio. Não tenha dúvida!

– **6** –

Não seria a primeira vez que a aviação bombardearia uma capital brasileira. Em 1924, o presidente Arthur Bernardes mandou bombardear a cidade de São Paulo para aplacar o levante dos "tenentes" do general Isidoro Dias Lopes, que queriam derrubar a "velha República carcomida". O bombardeio foi impiedoso. Os aviões do governo federal atingiram diretamente a população, mataram dezenas de civis, destruíram comércios, fábricas e residências, concentrando a fúria nos bairros operários da Mooca e do Brás, onde os rebeldes sentiam-se protegidos pelo povo humilde. A devastação atingiu também Perdizes, bairro de classe média, localizado no que era, então, a divisa entre a área urbana e rural paulistana. Aqueles pequenos aviões de duas asas (pertencentes ao Exército e "mais modernos" do que os utilizados na Europa na Primeira Grande Guerra) transportavam apenas duas ou três bombas, lançadas manualmente. Assim, faziam intermináveis voos de ida e volta para outra vez municiar-se e completar a missão de matar. Para facilitar o alvo, voavam baixo e o ronco dos motores, por si só, já era "terrificante", como foi descrito naquele tempo de cidades silenciosas, em que todos ainda ouviam os sinos das igrejas e as sirenes das fábricas.

As bombas da guerra

Os "tenentes" não dispunham de defesa antiaérea, nem se falava nisso no Brasil da época. Para não sacrificar ainda mais o povo, retiraram-se para Bauru. E lá, nas imediações da cidadezinha, outra vez foram bombardeados, com muitas dezenas de mortos. O rebelde general Isidoro Dias Lopes e seus homens retiraram-se de novo, rumo ao Sul, e chegaram a Foz do Iguaçu, no Paraná, para juntar-se às tropas do capitão Luiz Carlos Prestes, que meses antes tinha se levantado em Santo Ângelo, ao norte do Rio Grande do Sul. Reforçada em seu Estado-Maior, começava, assim, a grande marcha da Coluna Prestes pelo interior do Brasil.

Entre os que se integraram ao Estado-Maior da Coluna, estava o jovem tenente Osvaldo Cordeiro de Farias. Testemunha e vítima dos bombardeios aéreos de São Paulo e Bauru em 1924, ele bem conhecia os efeitos da devastação daqueles primitivos aparelhos de duas asas, insignificantes ou quase inocentes se comparados aos caças a jato de 1961. No entanto, 37 anos depois, o general Cordeiro se aliava às ordens dos ministros Denys, Grün Moss e Sílvio Heck para bombardear Porto Alegre, capital do Estado onde ele nascera e que havia governado.

Diz-se que nos bombardeios à cidade de São Paulo em 1924, a depressão de Alberto Santos Dumont começou a aparecer lentamente. Ou a fazer-se notar. Anos mais tarde, na rebelião paulista de 1932, o quadro depressivo tornou-se agudo e persistente a partir do momento em que ele viu aviões militares lançando bombas sobre um navio no mar, com a morte surgindo daquilo que ele havia criado. Dias depois, suicidou-se no quarto do hotel em que morava na praia de Guarujá, no litoral paulista.

Marechal do ar *post mortem* da Força Aérea Brasileira, o que poderia ter dito Santos Dumont da ordem de 1961, para os aviões a jato bombardearem o Palácio e que só a sabotagem dos subalternos conseguiu impedir?

No Palácio do Planalto, os três ministros militares empossam Mazzilli e avisam que prenderão o vice-presidente, mas Brizola replica pelo rádio, em plena madrugada: "Resistiremos!".

GOLPE CONTRA JANGO!

Arqueado à esquerda, anoto a advertência do governador, feita na presença do secretariado.

Reprodução Última Hora/Acervo Pequi Filmes, SP

JANGO: VOU VOLTAR PARA ASSUMIR OU MORRER

Última Hora

EXTRA

BRIGADA: BALUARTE NA DEFESA DA ORDEM E DA LEI!

Em Porto Alegre, o povo se mobiliza. E o Exército manda fechar as duas rádios que transmitiram o apelo do governador.

Acervo RBS/Zero Hora

Na madrugada, o diretor da Rádio Gaúcha, Maurício Sirotsky Sobrinho, recebe a ordem de fechamento, junto ao chefe de notícias, João Aveline.

Ao saber que o comandante do III Exército vai ao Palácio, Brizola toma a metralhadora, desce aos porões e adverte pelo rádio: "Que nos esmaguem, mas não silenciarão esta rádio sem balas".

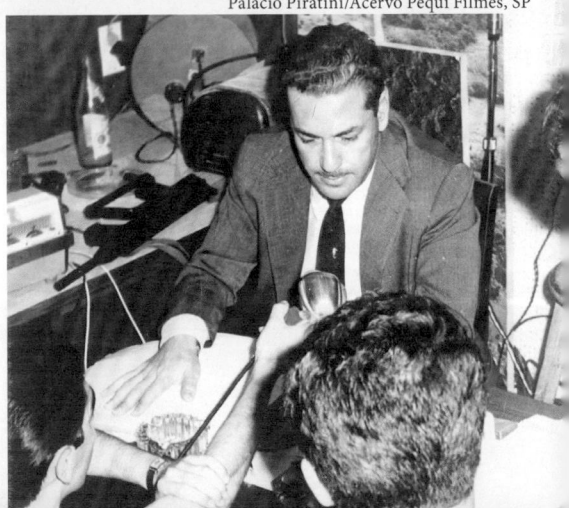

Sob chuva, decidido a resistir, o povo permanece junto ao Palácio, onde Brizola recebe o general Machado Lopes, chefe do III Exército.

TERCEIRO EXÉRCITO ADERIU A BRIZOLA!

Última Hora

Acervo do Museu da Comunicação Hipólito José da Costa

Palácio Piratini/Reprodução Última Hora

Acervo RBS/Zero Hora

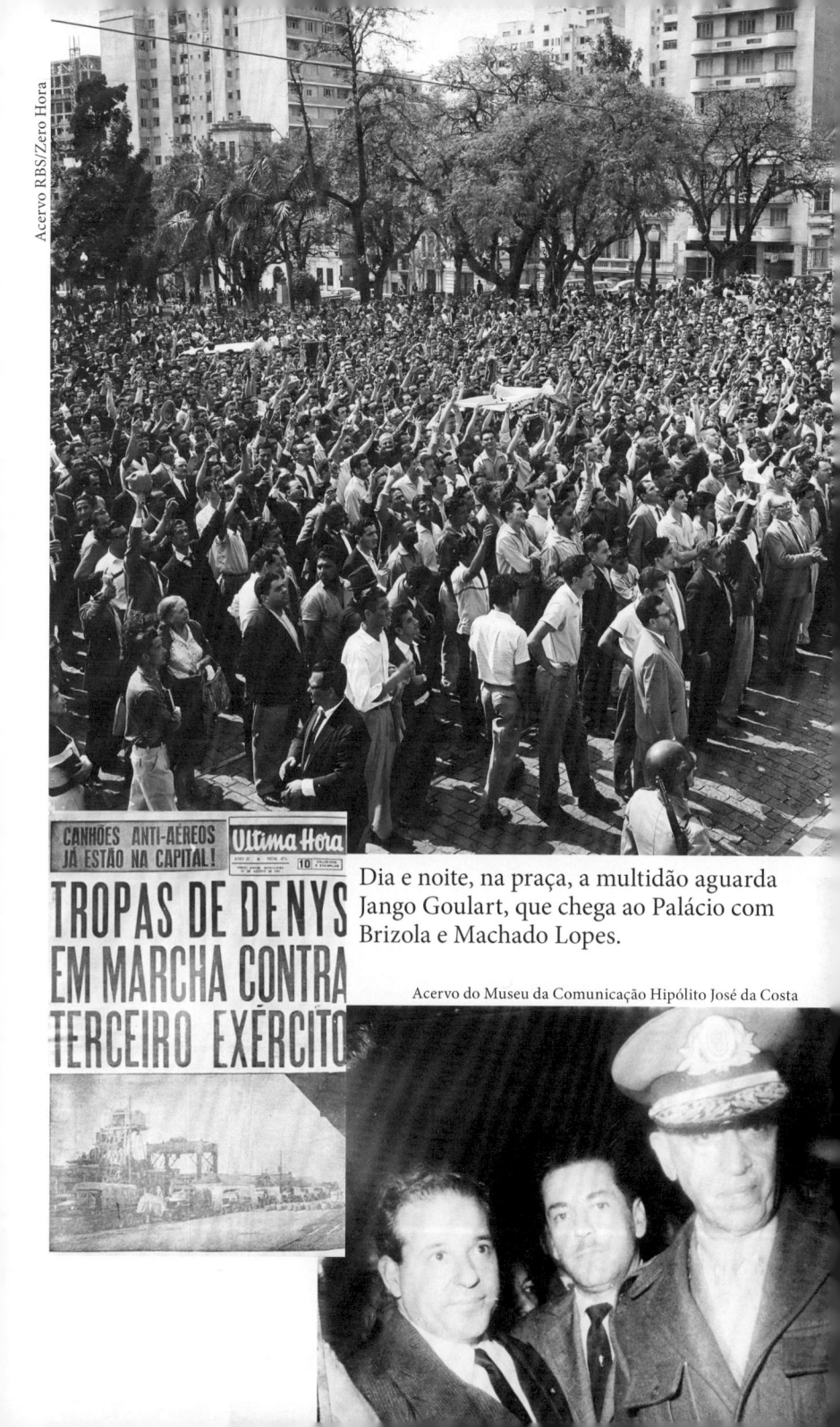

CANHÕES ANTI-AÉREOS JÁ ESTÃO NA CAPITAL! — Última Hora

TROPAS DE DENYS EM MARCHA CONTRA TERCEIRO EXÉRCITO

Dia e noite, na praça, a multidão aguarda Jango Goulart, que chega ao Palácio com Brizola e Machado Lopes.

Acervo do Museu da Comunicação Hipólito José da Costa

O apelo do Comitê de Resistência cria as milícias populares, que desfilam pelas ruas de Porto Alegre para apresentar-se ao governador.

Acervo do Museu da Comunicação Hipólito José da Costa

Acervo RBS/Zero Hora

Triunfante, do alto do Palácio, Jango apenas sorri à multidão que, em vigília, ansiava por sua palavra.

"IMPEACHMENT" DE JANGO CAIU: 300 VOTOS CONTRA 12!

Última Hora

SARGENTOS DA FAB IMPEDIRAM ONTEM O BOMBARDEIO DO PALÁCIO PIRATINI

LEGALIDADE: SINDICATOS GAÚCHOS NA VANGUARDA DA BATALHA

Acervo do Museu da Comunicação Hipólito José da Costa

O grande derrotado: Ao desfilar sob aplausos pelo interior gaúcho, em 1939, o general Cordeiro de Farias (de óculos, ao lado do meu pai, Aristides Hailliot Tavares), nem vislumbrava que, em 1961, não poderia voltar ao Estado que havia governado.

O grande vitorioso: Brizola não foi à posse de Jango em Brasília a 7 de setembro de 1961: nesse dia, visitou o túmulo de Getúlio Vargas e, depois, comeu um churrasco com o povo em São Borja, na fronteira com a Argentina.

Capítulo XI

Chamas em terra e mar

– 1 –

O golpe de Estado de 1961 não foi apenas uma tentativa abortada, mas um acontecimento concreto, com governo estabelecido desde o primeiro instante em Brasília. Naqueles dias, o que foram os três ministros militares se não uma "junta governativa" que tomou o poder em lugar do renunciante Jânio? A curta duração não lhe tira a característica de algo consumado, nem o transforma em episódio somente tentado. Se o pedido de *habeas corpus* para libertar o marechal Lott foi recusado pelo Supremo Tribunal Federal porque "a autoridade coatora" era o ministro da Guerra, é fácil descobrir quem mandava no país e que tipo de governo existia nesses dias.

O golpe foi seguido e adotado por dezenove governos estaduais. (O do Piauí o ignorou ou o desconheceu, e só os do Rio Grande do Sul e Goiás ousaram contestá-lo e rebelar-se.) Teve o repúdio direto de, pelo menos, a metade da população do país e o apoio silencioso de outra metade. Gerou situações de violência extrema, ainda que encobertas ou limitadas à fase preparatória. Mas, se dependesse dos autores do golpe de Estado, se suas ordens tivessem sido executadas ao pé da letra ou se seus seguidores não houvessem sido contidos e derrotados internamente, o Brasil teria vivido o tal "banho de sangue" de que nos fala o lugar-comum da História.

Primeiro, houve um situação de guerra concreta, típica do *estado de beligerância*, com duas forças antagônicas e armadas quase por igual. Os rebeldes-legalistas não tinham forças navais nem aéreas, não dispunham de navios nem porta-aviões ou bases aeronáuticas país afora, como os golpistas de Brasília, mas o III Exército era a maior força terrestre do país em número de soldados, apetrechos e armamento: 120 mil homens – 80 mil no Rio Grande do Sul e 40 mil em Santa Catarina e Paraná.[30] Por atuar em zonas sensíveis de fronteira (numa época em que a óptica militar via a Argentina como "inimigo potencial") era a única força com planos de combate atualizados. A participação da Brigada Militar gaúcha e a eventual integração (na defesa do Rio Grande do Sul) dos voluntários dos "corpos provisórios", aumentava-lhe o poder de penetração rumo ao norte.

O estado de beligerância iniciou-se, porém, antes ainda de o governo de Brasília deslocar a frota naval para o Sul, sob a capitânia do porta-aviões *Minas Gerais*. Após o fracassado bombardeio do Palácio Piratini e, antes de a frota zarpar do Rio e de Santos, os três ministros militares ordenaram dois atos concretos de guerra: 1) na manhã de 28 de agosto mandaram recolher o dinheiro em efetivo existente nos cofres da Delegacia Fiscal do Tesouro Nacional, do Banco do Brasil e da Caixa Econômica Federal em Porto Alegre; 2) suspenderam todos os envios de petróleo bruto ou refinado destinados ao Rio Grande do Sul, onde havia apenas duas pequenas refinarias nas cidades de Rio Grande e Uruguaiana.

Numa época em que o Banco Central ainda não existia, a Delegacia Fiscal do Tesouro Nacional e o Banco do Brasil eram os provedores do meio circulante e a retirada foi feita de forma avassaladora: de Pelotas e Santa Maria, no interior do Estado, vieram imensos caixotes de dinheiro vivo que, acrescidos aos da capital, encheram os porões de dois aviões *Super Constellation*, da Varig, um *Constellation* da Panair e um *Convair* da Cruzeiro do Sul em voos de rotina rumo ao Rio. No dia 30, quando os voos ao Sul foram suspensos, o grosso do meio circulante já estava fora.

---

30. Na época, dizia-se de 60 a 80 mil soldados. O efetivo de 120 mil homens aparece no livro de Machado Lopes.

De fato, tratava-se de uma confiscação desconcertante, de impacto profundo e terrível, ainda que não visível ou a ser notada somente ao longo dos dias seguintes. À medida que escasseasse o meio circulante, seria difícil até comprar um litro de leite pelas manhãs. Oferecido à porta de casa, nas ruas, pelas "vaquinhas do DEAL" (caminhões-leiteiros do Estado), o leite fresco era o símbolo alimentar daqueles anos.[31] O governo estadual respondeu rápido à ameaça de penúria generalizada: à noite do dia 30, em reunião com representantes das chamadas "classes produtoras" – associação comercial, federação das indústrias e federação rural, sindicatos dos bancos e dos bancários – além do Legislativo e do Judiciário, Brizola comunicou que, para evitar a paralisação econômico-financeira, se via obrigado a pôr em circulação as Letras do Tesouro Estadual, utilizando uma lei de julho de 1959. No mesmo formato das cédulas correntes de *cruzeiros*, e impressas pela Thomas de La Rue S.A. (que confeccionava em Londres o papel-moeda do Brasil), as Letras eram usadas, até então, apenas para pagamento de obras públicas ou dívidas atrasadas com funcionários. A partir daquele momento integraram-se ao meio circulante normal. Formalmente, tinham "vencimento à vista", mas o Tesouro Estadual não tinha como resgatá-las de imediato trocando-as por *cruzeiros*, a moeda de então, nem ninguém ousaria tentá-lo ou se interessava por isto. Era como se fosse um novo papel-moeda, aceito sem problemas na nova situação.

Apelidadas de *brizoletas*, com valores que iam de cinquenta até mil *cruzeiros*, similares aos das cédulas nacionais em circulação, passavam de mão em mão naqueles dias e evitaram um colapso na economia ou no cotidiano dos cidadãos. Falhava, assim, a tentativa de estrangular os rebeldes-legalistas do Sul pela falta de numerário para as trocas de comércio.

---

31. O Departamento Estadual de Abastecimento de Leite (DEAL) dedicava-se à pasteurização e à produção de laticínios.

– 2 –

Mas e o petróleo e a gasolina refinada? Os depósitos existentes não resistiriam a mais de quinze dias de consumo e a medida foi drástica: fechar os postos de gasolina e estabelecer um estrito controle no racionamento de combustível. Os automóveis do serviço público foram recolhidos às garagens, menos as viaturas policiais, as ambulâncias e os caminhões. O transporte coletivo não foi afetado, mas fora dele só os veículos particulares usados em atividades ou serviços de urgência (como médicos) recebiam "vales de abastecimento" expedidos pela Casa Civil do governo estadual, sempre pequenas quantidades, de cinco a quinze litros, no máximo.

A alternativa foi apelar ao Uruguai, que nesse 1961 respirava ainda os derradeiros ares do antigo apogeu de estabilidade e bonança interna. Dias antes, no início de agosto, durante a reunião da Organização dos Estados Americanos (OEA) em Punta del Este, Brizola tinha se tornado amigo de Eduardo Victor Haedo, presidente do Conselho de Governo do Uruguai, e lhe telefonou para pedir a remessa urgente de óleo diesel e gasolina refinada. Haedo concordou e apenas sugeriu "cinco ou seis dias" de prazo para acertar o transporte por rodovia. Simpático e bonachão, membro do conservador Partido Nacional, "Blanco", o presidente Haedo tinha oferecido um churrasco, em sua casa de Punta del Este, a Ernesto *Che* Guevara (chefe da delegação de Cuba à reunião da OEA) e Brizola fora o único convidado não uruguaio. Daí nasceu a convivência que tornou possível resolver por telefone, em minutos, um assunto que, pelas vias normais, demandaria negociações, ofertas e contraofertas, papéis e carimbos da burocracia.

Por telefone? As comunicações interurbanas e internacionais com o Rio Grande do Sul haviam sido bloqueadas (na central do Rio de Janeiro) a partir da manhã de 29 de agosto, após a integração do III Exército ao Movimento da Legalidade, mas restara uma "fresta aberta" com o Uruguai. A telefonista da central de Porto Alegre (ocupada pela Brigada Militar) chamava a de Sant'Ana do Livramento, cidade fronteiriça, e esta se comunicava com a telefonista de Rivera, no Uruguai. Em verdade, comunicava-se com o outro lado da rua daquelas cidades gêmeas, separadas apenas pelo idioma, e dali finalmente surgia a ligação direta com a capital uruguaia. Tudo de viva voz e em forma manual, ligando fios em sucessivas pontes.

Eu próprio utilizei esse sistema, com ligações emendadas umas às outras, para me comunicar duas ou três vezes ao dia (todos os dias da crise) com a agência noticiosa Prensa Latina, em Montevidéu, e informar dos acontecimentos. Para os padrões da época, as ligações eram "excelentes", ainda que, muitas vezes, de um lado e outro, tivéssemos que levantar a voz ou repetir a frase inteira.

Os pneus de caminhões foram requisitados pela polícia nas lojas de cada município do Rio Grande do Sul e destinados à frota transportadora das tropas, que já a partir do dia 29 de agosto começaram a deixar os quartéis do Exército ou da Brigada no interior. Também os aviões dos aeroclubes ou de particulares foram requisitados. Um decreto estadual suspendeu as aulas em todas as escolas. As entidades estudantis universitárias e dos secundaristas conclamaram os alunos a mobilizar-se e integrar-se aos comitês de resistência democrática. A União Nacional dos Estudantes, UNE, na época um organismo aberto e representativo, tinha transferido sua sede do Rio para Porto Alegre e seus dirigentes ocupavam o microfone da Cadeia da Legalidade e, em variados sotaques regionais, identificavam os jovens do país inteiro.

Nas cidades gaúchas, especialmente Porto Alegre, homens (e até mulheres) de revólver à cintura mostravam uma disposição que a Cadeia da Legalidade reforçava com palavras. Havia nesse exibicionismo muito de simulação extravagante, e algumas das fotos estampadas na imprensa foram poses de quem não sabia sequer onde ficava o gatilho. Mas algo de autêntico sobrava dessa exibição, ou até muito sobrava como disposição para responder aos ataques. Os aviões militares pretos, os *Netuno P-15*, de caça antissubmarina, continuavam a sobrevoar as cidades rio-grandenses, soltando mais e mais panfletos. Agora bem do alto, evitando os rasantes de antes, talvez para que a cor não os assemelhasse aos voos baixos de urubus à espreita de cadáveres. Conclamavam os militares a "desobedecer aos comunistas vendidos ao imperialismo vermelho", diziam que "os soldados e cabos do III Exército estavam destituídos" ou pediam que o povo "não se desesperasse" e aguardasse confiante a frota naval que navegava rumo ao Sul "para varrer a ameaça vermelha".

Palavreado assim, tosco e tolo, não era usado sequer em Berlim, que naqueles dias de 1961, no auge da Guerra Fria, começava a tornar-se uma cidade dividida por um muro separando as duas Alemanhas.

– 3 –

Não é simples guerra psicológica: a frota naval navega, mesmo, pelo Atlântico, com o porta-aviões à frente, mais o cruzador Barroso, dois destróieres, duas fragatas e dois navios-transporte com fuzileiros navais. Nos jornais do Rio e São Paulo, as fotos mostram a esquadra à saída da baía de Guanabara e a própria Marinha alardeia a operação.

A esquadra ruma ao litoral gaúcho para chegar a Porto Alegre pela Lagoa dos Patos, entrando pela barra marítima de Rio Grande. A lagoa é profunda, com calado que permite a navegação tranquila da frota, talvez até do porta-aviões, que não precisa chegar à capital gaúcha, no entanto, e pode fundear junto à costa ou em mar alto. Dali, protegido por um destróier ou fragata, seus aviões alcançam facilmente a capital gaúcha.

Uma das antigas especialidades da Marinha é o bombardeio urbano. No século XIX, ainda no Império, os canhões dos barcos do almirante Tamandaré destruíram a área central da cidade uruguaia de Paysandú e não pouparam sequer as torres da igreja. Agora, nesse 1961, tanta movimentação só pode corresponder a um plano de bombardeio naval, até porque se trata de "uma força-tarefa", com funções definidas.

A solução? Bloquear a entrada da barra marítima de Rio Grande, onde a Lagoa dos Patos desemboca no oceano e impedir que as belonaves e seus canhões cheguem a Porto Alegre. Antes ainda da integração do III Exército ou de que a esquadra seja avistada no oceano, a ordem de Brizola é expressa e direta, desesperada até: obstruam o canal, afundem ali os batelões, barcaças e chatas do Estado (e, se preciso, até as particulares disponíveis), desconectem a iluminação das boias e retirem as próprias boias que marcam os canais navegáveis. O Departamento Estadual de Portos, Rios e Canais (DEPREC) é o mais organizado setor governamental e tem 24 horas para cumprir, mas o diretor da Divisão Rio Grande aponta o lado equivocado ou insano da ordem "profundamente absurda" e que criará um problema insolúvel: o afundamento pode ser feito facilmente, mas, e depois?

Premido pela urgência ou pela onipotência, o governador equivocou-se: a ordem é exasperada ou afoita e cumpri-la será desastroso. O canal ficará obstruído para a navegação, isolará a capital ou todo o Estado e o próprio porto marítimo de Rio Grande perderá suas funções. A desobstrução futura será difícil, talvez impossível. O fundo do canal, em parte, é de areia movediça vinda da lagoa e pode "tragar" ou sugar os pequenos barcos ali afundados, enterrando-os para sempre como um obstáculo irremovível. Não há como cumprir uma ordem assim!

O chefe da Divisão Rio Grande do DEPREC, Olavo Kramer da Luz, a quem cabe executar a determinação, opta, então, por uma alternativa secreta: simular o afundamento. Manda a polícia portuária quebrar a sinalização náutica do canal a tiros de metralhadora, com estardalhaço, a partir do molhe oeste, sem deixar qualquer lanterna funcionando. Logo, à luz do dia, dois rebocadores levam ao centro do canal os batelões e chatas existentes. À noite, são trazidos de volta, mas os rebocadores retornam ao meio do canal e ali ficam vários dias, dando a qualquer observador (ou espião) a ideia de que estão afundando as embarcações. No dia 29 de agosto, os jornais noticiam que foram afundados dois batelões, cada um de trezentas toneladas, e que outros mais terão o mesmo destino nas horas seguintes. De fato, foi mais difícil e demandou mais tempo simular o afundamento do que teria sido afundar, de verdade, os batelões e chatas.

Pela Cadeia da Legalidade, Brizola confirma que a esquadra navega pelo Atlântico e dá a notícia da obstrução do canal:

– Venham, marinheiros dos mares do Sul, venham! Entrem à barra de Rio Grande e ali, como piratas, irão todos a pique, enredados e trancados, com os cascos despedaçados pelos batelões, barcaças e chatas afundadas no canal!

Que navio (de guerra ou de paz), grande ou pequeno, atrever-se-ia a pôr à prova as palavras do governador? Que navegante iria arriscar-se, fosse Cristóvão Colombo, Pedro Álvares Cabral ou o comandante do Titanic?

A 31 de agosto, o piloto Ivan Eggers, do Departamento Aeroviário do Estado, decola de Porto Alegre num bimotor *Aero-Commander* e, a algumas milhas ao norte de Florianópolis, avista de longe a esquadra: sete navios, mais o imenso porta-aviões *Minas Gerais*. Tenta aproximar-se por uma abertura nas nuvens, mas um aparelho do porta-aviões – alertado pelo radar – levanta voo para afugentá-lo ou derrubá-lo. O bimotor de "asa em cima" alcança entre 300 e 450 quilômetros por hora, a metade da velocidade do avião militar, e Eggers dá meia-volta e retorna. O voo de observação, porém, é perfeito: a esquadra está fundeada ao norte da ilha de Santa Catarina, imóvel.

A *Operação Tartaruga*, nome em código dos afundamentos simulados, tinha triunfado sobre a *Operação Anel*, denominação do deslocamento da força-tarefa da Marinha.

– 4 –

Guerrear é também um ato de prestidigitação e o bom guerreiro (se é que existe!), ou o guerreiro sábio, deve ter algo de mago e suas ações um toque de magia. E a simulação foi tão mágica que o chefe da Capitania da Marinha em Rio Grande, capitão Humberto Fitipaldi, protestou pelos jornais "com veemência" contra a interdição do canal, "uma loucura sem sentido, que só prejudicará o Rio Grande". Ele e os subordinados viram os rebocadores levando as chatas cheias de enormes pedras e, portanto, eram testemunhas daquele absurdo. O capitão naval abandonou suas funções, foi detido em "prisão domiciliar" e, em seguida, viajou ao Rio de Janeiro com a família. Antes, porém, para proteger seus camaradas de armas, enviou radiograma ao ministro da Marinha avisando do bloqueio do canal.

Pelo interior, multiplicavam-se os "comitês de resistência democrática", mas em alguns municípios houve que usar também de estratagemas para se impor aos grupos locais de direita, afinados com Denys e convencidos de que aquilo era a "implantação do comunismo expropriador". Em Encruzilhada, por exemplo, o prefeito pôs-se à frente dos "batalhões de voluntários", mas seus adversários (grandes fazendeiros que haviam controlado o município durante décadas) saíram às ruas com armas longas, ameaçadoramente. Ao ter apenas meia dúzia de revólveres, o prefeito simulou um poder de fogo inexistente: fez desembarcar na prefeitura centenas de enormes caixas com pregos e arame, enviadas por Brizola para a construção de escolas (que entravam pela frente e saíam pelos fundos, para voltar a entrar) e espalhou que eram armas e munição "vindas da capital". Os adversários armados recuaram.[32]

Outras vezes, a mobilização crescia de tal forma que parecia intempestiva. Em Nonoai, zona indígena ao norte do Estado, o prefeito recrutou quinhentos homens e telegrafou ao secretário de Segurança, coronel Moacyr Aquistapace, pedindo fuzis, munição, provisões de alimentos e transporte a Porto Alegre. O secretário mandou que se limitasse à sua região. Enfurecido, o prefeito imitou o tom de Machado Lopes ao ministro Denys e respondeu noutro telegrama: "Não mais obedeço às vossas ordens. Constituí comando próprio e autônomo, marchando para a capital". Além de primo do governador, a bravura do prefeito Jair de Moura Calixto era conhecida em todo o Estado, mas ele e seus homens ficaram no meio da estrada.

---

32. O prefeito trabalhista de Encruzilhada, Milton Serres Rodrigues, recém tinha organizado (com apoio do governo gaúcho) o Movimento dos Agricultores Sem-Terra (MASTER), precursor da campanha pela reforma agrária.

– 5 –

A rebelião do Rio Grande do Sul é *sui generis* e única – faz-se em nome da Lei, para que se cumpra a Constituição. O III Exército desloca tropas, traça planos de defesa e combate, para si e para a Brigada Militar. O governo estadual cuida da logística bélica – alimentos, transporte e saúde – além da ordem interna e de algo fundamental: a opinião publica. E aí, o rádio é o grande agente.

Entretanto, no Paraná e em Santa Catarina, mais do que tudo, a situação é diferente e os problemas se agravam. O indeciso governador paranaense, Ney Braga, é major do Exército e seus vínculos com a ala direitista de Denys não facilitam a ação do comandante da 5ª Região Militar, general Benjamim Galhardo, com sede em Curitiba e alinhado com a Legalidade. Pelos quartéis do país, cresce a dissidência ao ministro Denys, e diferentes oficiais são detidos em São Paulo, Rio, Minas e no norte e nordeste. Mas para contradizer tudo isto, em Santa Catarina, vizinho ao Rio Grande do Sul (Estados com os mesmos hábitos e tão apegados que um parece a extensão do outro), o comando da Marinha é quem dá as cartas, sob as ordens dos três ministros militares. A Base Naval de Florianópolis passou a controlar a Polícia Militar estadual e a própria capital catarinense ou todo o litoral. O almirante Luís Clóvis de Oliveira, comandante do 5º Distrito Naval, mandou censurar os noticiários das rádios e dos jornais, em tudo suplantando o governador Celso Ramos. Até a unidade do III Exército na capital catarinense, o 14º Batalhão de Caçadores, cerrou fileiras com a Marinha, distanciando-se do general Machado Lopes.

Num pequeno avião monomotor, o secretário do Interior e Justiça do Rio Grande do Sul, Francisco Brochado da Rocha, vai ao encontro do governador em Florianópolis. Ambos pertencem ao PSD, conhecem-se há anos e Brochado da Rocha (como Consultor Geral da República) foi a figura mais próxima ao seu irmão, Nereu Ramos, nos meses em que exerceu a presidência da República em 1955-56. Nereu chefiou sempre o clã familiar dominante na política catarinense, mas nem essa situação pode ajudar a resolver o impasse. Celso Ramos não tem condições, sequer, de impedir que o secretário do governo gaúcho seja preso pela Marinha.

Seguindo a velha ética da guerra, ao ser detido pelo comandante do 5º Distrito Naval, Brochado se desarma e entrega o revólver. Deixado em liberdade horas depois, é escoltado até o aeroporto. Ao abordar o aviãozinho, percebe que não lhe devolveram a arma e volta à Base Naval para reaver o *Smith Wesson* calibre 38. Essa arma o acompanha desde a Revolução de 1930, quando, à frente de um grupo de estudantes, foi atingido por uma rajada de metralhadora na tomada do quartel-general do Exército em Porto Alegre. Amputaram-lhe o pé esquerdo, então, e, por isto, caminha lentamente, arrastando uma das pernas com a prótese mecânica. Finalmente com a arma no coldre, Brochado da Rocha retorna a Porto Alegre de mãos vazias.

Celso Ramos é prisioneiro virtual da Marinha, sabe disso e aceita essa humilhação. Mas, em verdade, o que parecia apenas humilhação passa a ser colaboracionismo e integração plena com o golpe de Estado. Dias depois, quando tropas do III Exército se mobilizam em Santa Catarina, o governador protesta com veemência "pela intromissão", levando os generais Benjamim Galhardo e Machado Lopes a explicar-lhe que não há "ocupação militar", mas apenas intenção de evitar desembarques da Marinha.

Não protestou, porém, pelas tropas vindas do Rio de Janeiro – paraquedistas do Exército e fuzileiros da Marinha – que ocupavam os quartéis de Florianópolis.

– 6 –

Desde o final do governo Juscelino Kubitschek, Aeronáutica e Marinha brigavam abertamente em torno da "aviação embarcada" – *de quem seriam as aeronaves do porta-aviões Minas Gerais?* – mas, nesse agosto de 1961, esqueceram as controvérsias e rapidamente se uniram na Operação Anel para atacar o Sul. O III Exército, porém, foi mais rápido e assumiu o controle dos portos de São Francisco do Sul, em Santa Catarina, e Paranaguá, no Paraná.

As tropas aquarteladas na fronteira do Rio Grande do Sul com o Uruguai e a Argentina deslocam-se para Porto Alegre e, parte delas, daí "para a norte, coberto face ao litoral, com a intenção de entrar em São Paulo no menor tempo possível por Itararé e Ourinhos", relata o próprio general Machado Lopes em suas memórias. E, num contrapeso a tudo o que se disse na época, sublinha: "Dentro dessa ideia, o general Oromar Osório, comandante da 1ª Divisão de Cavalaria movimentou sua *grande unidade* não espontaneamente e, sim, por ordem".[33]

Também a Marinha estava atenta e retirou de Uruguaiana, RS, duas companhias de fuzileiros navais que patrulhavam o Rio Uruguai (que nos separa da Argentina), levando-as a Laguna, SC, (território sob seu domínio) num avião da FAB. Um C-47 do Correio Aéreo Nacional saiu de Porto Alegre em vôo de rotina e, ao chegar à fronteira, recebeu ordens de desviar a rota.

– Fomos envolvidos pela crise e ficamos transportando fuzileiros de Uruguaiana a Laguna, sem saber de que lado estávamos. Em duas viagens, levamos 60 ou 70 homens – recorda Antônio Tavares de Almeida, na época sargento telegrafista da FAB e rádio-operador de voo do Correio Aéreo Nacional. "Quando o Exército se deslocou de Porto Alegre e ocupou a Base Aérea, voltamos para o Rio de Janeiro, ainda sem saber qual era o nosso lado. Permanecemos em prontidão até 8 de setembro", completa agora, meio século depois.

Bizarra guerra esta, em que as tropas trocam de território antes de iniciar o combate...

---

33. Do livro do Marechal José Machado Lopes, *O III Exército na crise da renúncia de Jânio Quadros*. Rio de Janeiro: Alhambra, 1980, p. 160.

Capítulo XII

RUMO A SÃO PAULO

– 1 –

Um comboio da Viação Férrea do Rio Grande do Sul recolhe em Santiago do Boqueirão os soldados e montarias da 1ª Divisão de Cavalaria e ruma em direção a São Paulo. Ali vai a vanguarda, com os melhores oficiais e praças, em cinco vagões apenas, para "não cansar a locomotiva" e permitir maior velocidade. A viagem é longa e lenta – após Marcelino Ramos, no extremo norte gaúcho, o trem atravessa todo o Estado de Santa Catarina levando a tropa que, em dois dias, deve chegar a Ponta Grossa, no Paraná.

"A 1ª DC em marcha para Ourinhos, com sua vanguarda atingindo Ponta Grossa", anota o general Machado Lopes, a 30 de agosto, em seu diário de comando.[34]

Nos depoimentos, informações e cochichos daqueles dias de 1961, predominou sempre a impressão de que a iniciativa do deslocamento em direção a São Paulo partiu do general Oromar Osório. Foi ele quem pediu diretamente a Brizola onze vagões ferroviários e 210 caminhões (ou ônibus) para transportar suas tropas do recôndito município gaúcho "ao norte", antes ainda de que o comandante do III Exército fosse ao Palácio e se definisse publicamente. A afirmação de Machado Lopes (de que nada foi espontâneo) não tenta demonstrar o oposto, mas sublinhar que só ele dava a ordem definitiva. Não há controvérsia

---

34. Do livro do Marechal José Machado Lopes, *O III Exército na crise da renúncia de Jânio Quadros*. Rio de Janeiro: Alhambra, 1980, p. 62.

entre o que se sabia em 1961 e a afirmação posterior: os dois generais estavam afinados e a ordem formal e conclusiva teria de vir do comandante hierarquicamente superior.

A marcha para entrar a São Paulo por Itararé e Ourinhos foi apenas a primeira etapa das operações planejadas para chegar, em verdade, a Brasília. O objetivo era a (nova) capital da República. Como tal, fez parte de um plano geral que começou a ser posto em prática na tarde de 28 de agosto – quando Machado Lopes visitou Brizola e definiu a posição do III Exército – e só foi paralisado a 5 de setembro, quando João Goulart, já de regresso ao Brasil, desembarcou em Brasília.

O deslocamento de tropas – tal qual o da esquadra naval – só se explica como passo preparatório ao combate. Ambos os lados aceitaram a guerra civil como alternativa, mesmo amarga, e prepararam-se para ela. E, mais do que tudo, mobilizaram-se na geografia. Os do sul, rumo ao norte. Os do norte, rumo ao sul. Cada qual em busca da confrontação. Dois exércitos antagônicos, dispostos à luta.

– **2** –

Quando a esquadra chegou ao sul, pelo mar, e os navios fundearam ao largo da ilha de Florianópolis para observar a futura área de desembarque dos fuzileiros navais, as tropas do I e II Exército (também a favor do ministro Denys) recém começavam a mobilizar-se no Rio de Janeiro e São Paulo. Aparentemente, não tinham noção exata do que fazer ou de como atacar, até porque haviam sido surpreendidas pela postura dos militares do extremo Sul. Ao contrário, porém, a Marinha tinha planos de ataque definidos e concretos, com a infantaria naval desembarcando em Imbituba e Laguna, no sul catarinense, próximo ao Rio Grande do Sul, ou até em Torres, já em solo gaúcho.

Em contrapartida, no III Exército, o planejamento fora esboçado desde o momento da definição formal de não compactuar com o golpe (a 28 de agosto) e se definiu totalmente dia 31, quando o general José Maria de Moraes e Barros assumiu a chefia do Estado-Maior. Um planejamento de defesa, mas que – em termos táticos – podia também significar ataque. Quem se defende, ao defender-se ataca, vai adiante e ocupa posições. Por isto, a primeira movimentação foi formar um "destacamento misto" (Exército e Brigada), sob o comando do general Sylvio Santa Rosa, para "cobrir o litoral contra qualquer incursão da Marinha". As tropas da Brigada Militar acamparam em Torres, na divisa com Santa Catarina, sem cruzar o rio Mampituba, restringindo-se ao Rio Grande do Sul. As do Exército penetraram em território catarinense. A 6ª Divisão de Infantaria deslocou-se até Lages, unindo-se aí ao Batalhão de Engenharia em *grupamento tático*, por um lado, e, por outro, "atuou a cavaleiro da BR 101" (a principal rodovia a São Paulo) de Torres (RS) até Tubarão (SC). Uma parte da 5ª Divisão de Infantaria "cobriu face ao litoral, sobretudo na direção de Florianópolis", encarregando-se a parte maior de "criar condições para penetrar em São Paulo pelos eixos Curitiba-Apiaí-Sorocaba, pela BR 373, e Curitiba-Registro, pela BR 116".

– 3 –

Um eventual ataque, por terra, da Marinha ao território do Rio Grande foi, desde sempre, o detalhe mais temido daqueles dias. Por um lado, pelo efeito psicológico, em condições de afetar o ânimo da população e dos próprios militares. Por outro, os fuzileiros navais, treinados para ações rápidas de desembarque, eram militarmente superiores aos batalhões de Engenharia do III Exército, acantonados em Lages, no sul catarinense, dedicados à construção de ferrovias e rodovias e poucos afeitos ao combate. Os reforços de infantaria e artilharia, vindos do Sul, não conheciam a geografia da região. Nisto, equiparavam-se aos fuzileiros navais, mas com uma diferença: as tropas da Marinha eram compostas de profissionais treinados há anos para esse tipo de operação, e as do Exército, de recrutas inexperientes, recém-incorporados.

O peso concreto da defesa do território do Rio Grande do Sul recaía, portanto, quase todo no 1º Batalhão de Guardas da Brigada Militar, mobilizado de Porto Alegre para a costa norte gaúcha. A responsabilidade era tão grave que, antes da partida, seu comandante, major Heraclides Tarragó, reuniu os soldados e comunicou que aquele que se sentisse sem condições de combate poderia desistir sem sofrer qualquer punição. Quase textualmente, lhes disse:

"*Caso houver um ataque ao nosso Estado, nossa missão será de guerra. Missão perigosa que, por enquanto, ninguém está obrigado a cumprir. Esperamos que nossas autoridades consigam manter a paz e a ordem em nossa República, mas se isso não for possível, talvez todos nós vamos ter que derramar nosso sangue numa guerra civil. Por isto, quem não quiser seguir em frente, pode sair de forma. Ninguém está obrigado a seguir adiante. Alguns têm família numerosa ou outros compromissos e podem desistir. Enquanto não houver luta que obrigue ao cumprimento do dever, o comando da Brigada não tomará nenhuma medida punitiva contra aqueles que não quiserem ir.*"

Chovia e fazia frio e só isto já podia predispor a não seguir adiante, mas nenhum dos soldados "saiu de forma". O pagamento dos soldos da Brigada Militar estava atrasado em dois meses, mas nem isto fez alguém desistir. Em 22 caminhões e ônibus, viajando pelo litoral, sobre a areia da praia e evitando as ondas do mar, cinco horas depois os *brigadianos* gaúchos chegaram a Torres, sem nenhuma defecção.

– 4 –

A vanguarda da cavalaria que ruma a Ourinhos, no Paraná, para chegar a Itararé, em São Paulo, ainda não tinha transposto a divisa com Santa Catarina quando alguns oficiais do III Exército (entre eles, dois generais) entram em dissidência. Obedecem ao ministro Denys e estão integrados ao golpe de Estado. O caso inicial e mais notório ocorre em São Borja, terra natal de João Goulart, que é exatamente o centro de toda a pendenga: o tenente-coronel Bayard Magalhães Evangelho abandona o comando do 3º Regimento de Cavalaria e, com outros três oficiais, atravessa o Rio Uruguai numa lancha e chega a Santo Tomé, na Argentina. Sem condições de enfrentar o general Oromar Osório, a quem estão subordinados, os quatro decidem pedir asilo político. (Enquanto o governo argentino, em Buenos Aires, estuda o pedido, voltam a entrar ao Brasil por Foz de Iguaçu e, um dia antes da posse de Jango em Brasília, apresentam-se ao Ministério da Guerra, no Rio de Janeiro, tentando retornar ao sul e reassumir suas atividades.)

Em Bagé, junto à fronteira com o Uruguai, ao receber os vereadores do município, o general Alberto Ribeiro Paz, comandante da 2ª Divisão de Cavalaria, discorda publicamente da posição do III Exército e, de imediato, declara-se preso. Permanece em "prisão domiciliar" e as tropas que devia comandar vão reforçar as do general Oromar. Na capital catarinense, o tenente-coronel Silvio Pinto da Luz, comandante do 14º Batalhão de Caçadores, a favor do golpe desde o primeiro momento, coloca sua unidade sob as ordens do 5º Distrito Naval. Foi a primeira e única vez que uma guarnição do Exército subordinou-se espontaneamente à Marinha.

Próximo à capital gaúcha, em São Leopoldo, o capitão Grilo, do Batalhão de Comunicações, se recusa a acompanhar a tropa de cavalaria que marcha ao Paraná. Na estrutura militar, a defecção de um capitão não tem maior importância e é apenas um "caso disciplinar", mas nesta circunstância torna-se crucial, pois ele é um dos únicos especialistas da sua área. Os panfletos dos aviões da Marinha sobre "o assalto vermelho" ao III Exército tinham pesado em sua convicção pessoal de católico pré-conciliar e ultramontano, temente ao perigo comunista. E se recusa a marchar.

Nenhum deles, porém, pôs em risco a ação militar dos rebeldes-legalistas do III Exército. Tal qual ocorrera com o general Muricy no início da crise (que deixou o sul e tomou um avião ao Rio), portaram-se quase tão só como dissidentes, sem oferecer resistência ou combate aos seus camaradas de armas: em Santa

Catarina, o 14º Batalhão de Caçadores saiu à estrada para se opor às tropas vindas do Sul, mas recuou ao perceber que haveria luta e se limitou a dinamitar uma ponte perto de Laguna.

Ao contrário, no entanto, a defecção do general José de Ulhoa Cintra, no Paraná, foi intransigente e provocativamente perigosa. Colocou-se a favor do golpe e agiu como tal, levando suas tropas a dinamitar pontes e estradas pelo centro-oeste paranaense, numa desesperada tentativa de dificultar a mobilização de seus camaradas de armas. Nem as advertências e repreensões do seu superior imediato, general Benjamim Galhardo, comandante da 5ª Região Militar, conseguiram paralisá-lo. Enteado do general e ex-presidente Eurico Dutra (que fora ministro da Guerra nos tempos do Estado Novo de Getúlio Vargas), o general Ulhoa Cintra torna-se a partir de suas ações em 1961 uma figura exponencial da direita militar e vai reaparecer mais adiante neste livro.

– 5 –

Ao longo do país, as Forças Armadas estavam divididas. A Marinha, que aparentava unidade absoluta a favor do golpe, prendeu até almirantes e vice-almirantes declaradamente legalistas para conseguir mobilizar a esquadra e os fuzileiros navais. O primeiro foi o próprio comandante dos fuzileiros, vice-almirante Cândido Aragão, detido no Rio trinta horas após a renúncia de Jânio Quadros. Em seguida, o almirante Pedro Paulo de Araújo Suzano, além de uma dezena de capitães de navio. Em Minas Gerais, o comandante do 11º Regimento de Infantaria, coronel Luna Pedrosa, não permitiu que suas tropas saíssem da São João del Rey rumo ao Sul. Em Belém do Pará, no extremo norte do país, o comandante da Base Aérea, coronel Fausto Gerp, foi detido e afastado do posto, por colocar-se a favor da Legalidade, tal qual o vice-almirante José Luís da Silva, demitido do comando do 4º Distrito Naval e preso de imediato.

O ponto nevrálgico, porém, era o Rio de Janeiro, sede do I Exército e, de fato, ainda capital da República, onde funcionavam os três ministérios militares e praticamente todos os demais. Em Brasília, os ministros tinham apenas "gabinetes", além de burocratas cuja função principal era articular o tráfego de papéis entre as duas cidades. Jânio Quadros permanecera em Brasília e a estrutura da Presidência da República lá funcionava também, mas os ministros dependiam ainda do que havia no Rio. Em verdade, só o Congresso e a cúpula do Supremo Tribunal Federal funcionavam na nova cidade, inaugurada em abril de 1960 e ainda deficiente em tudo, até mesmo nas próprias funções para as quais fora criada – administrar o Brasil. Isto explica que a atenção principal dos três ministros militares recaísse sobre o Rio de Janeiro, até porque o dispositivo militar da nova capital era pequeno e de fácil controle. Parecia até que os militares disputavam com o governador da Guanabara, Carlos Lacerda, a primazia da quantidade ou "qualidade" das detenções. Na Aeronáutica, o brigadeiro Francisco Teixeira, o coronel Ademar Scaffa e o major Carlos Alberto da Fonseca encabeçaram a primeira leva de militares trancafiados em navios da Marinha ancorados no meio da baía de Guanabara.

O marechal Lott, figura emblemática nas Forças Armadas, que fora ministro da Guerra de três presidentes da República, foi tratado como se tivesse a periculosidade de um facínora: levado para a Fortaleza de Laje 36 horas após a renúncia de Jânio Quadros, dois dias depois foi transferido para o Forte de Santa Cruz, sob o temor de que influenciasse seus carcereiros.

As prisões buscavam desarticular os opositores ao golpe e, no Rio, caíram pesadamente sobre toda a área sindical com a intenção de evitar greves nos transportes e outros serviços essenciais. Mas não faltaram detenções bizarras: o maior incorporador e construtor de imóveis do Rio, Santos Vahlis, foi detido pela polícia política do governador da Guanabara por difundir "nas altas áreas administrativas", a pedido do governador Leonel Brizola, a notícia de que o III Exército e a 5ª Zona Aérea tinham se integrado à campanha da Legalidade. Pouco depois de telefonar ao general Cordeiro de Farias (seu conhecido de muitos anos), para informá-lo da situação no Sul, foi preso pela polícia.

– 6 –

Enquanto as tropas do III Exército "subiam" para São Paulo, as do II Exército, em São Paulo, recebiam ordens de "descer" para o Sul. Mas nem sempre as ordens da alta cúpula militar eram cumpridas. Em dois quartéis paulistas a desobediência foi total. Em Barueri, o coronel Celso Freire de Alencar Araripe negou-se a deslocar os 400 homens do poderoso 2º Grupo de Canhões Antiaéreos de 40 mm e ignorou as ordens do general Araújo Mota, comandante do II Exército, vindas da capital paulista. A desobediência repetiu-se em Quitaúna, no 2º Grupo de Canhões de 90mm: os oficiais ouviam no quartel a Cadeia da Legalidade e se negaram a combater seus camaradas do Sul.

Das quatro unidades paulistas escolhidas para combater o III Exército sulino, apenas o 4º Regimento de Infantaria e pequena parte do 2º Regimento Mecanizado aceitaram sair à estrada e "baixar" em direção ao Sul. Em Santos, o comandante do 2º Batalhão de Engenharia, coronel Creso Coutinho Moutinho, aceitou guarnecer a refinaria de Cubatão, mas negou-se a deslocar tropas para vigiar a estrada rumo a Curitiba, depois que a ampla maioria da oficialidade decidiu "obedecer somente à Constituição, tal qual o III Exército". Afastado do comando, o coronel Creso foi preso junto com outros 26 oficiais.

Nos jornais do Rio, o embarque de tropas do I Exército em oito comboios ferroviários "em direção ao Sul" foi a grande notícia naqueles dias, mas boa parte da soldadesca desceu pouco adiante, horas depois, acampando no quilômetro 284 da Via Dutra. Iam, apenas, proteger o eixo viário que comunica as duas maiores cidades do país. Uma centena de soldados do I Exército, porém, chegou ao que seria o "teatro de operações": transportados em navios da Marinha, uma companhia do 2º Regimento de Infantaria saiu do Rio e alcançou Florianópolis, onde a Base Naval comandava a situação militar. Segundo as notícias dos jornais, todos eram recrutas incorporados há menos de um mês, que não tinham recebido sequer exercício de tiro e nada sabiam de combate, menos ainda da surda guerra a que eram levados.

– 7 –

Os fuzileiros navais que desembarcaram em Laguna e Imbituba, ao sul da capital catarinense, constituíam, no entanto, tropa preparada para o ataque. Soldados profissionais, tinham longo treinamento de assalto e combate. Ocuparam as duas cidades e estabeleceram fortificações junto à ponte de Cabeçudas, em Laguna, e dinamitaram pontilhões, mas evitaram prosseguir mais ao sul de Santa Catarina e não ameaçaram Araranguá e Criciúma, onde acampavam as tropas do III Exército, vindas da catarinense Lages ou diretamente do Rio Grande do Sul.

Durante três ou quatro dias, os dois grupos inimigos travaram uma guerra tática, em que ninguém avançava. Ou em que os pequenos avanços de um eram acompanhados pelo recuo do outro. Cada lado atuava como força de dissuasão. E isto se evidenciou principalmente do lado da Marinha, quando o comandante do 5º Distrito Naval pediu que o bispo de Tubarão, dom Anselmo Pietrulla, intercedesse junto às tropas do III Exército para "recuarem a fim de evitar um confronto". As tropas do Sul não recuaram, mas tampouco avançaram e permaneceram em Araranguá e Criciúma, na diocese do bispo.

As vozes da Cadeia da Legalidade chegavam dia e noite à região e a população engajou-se na luta. A seu modo, mas de forma fundamental: facilitou suprimentos às tropas do Sul, fornecendo-lhes carnes de ave, pescados e outros alimentos.

– 8 –

As Forças Armadas estavam divididas e as operações militares estavam em pleno andamento, de lado a lado, mas o Ministério da Guerra simulava ter o apoio de todos os chefes militares do país, incluídos os do Sul. Num comunicado oficial, a 1º de setembro, publicado na imprensa do Rio e São Paulo no dia seguinte, o Ministério da Guerra afirma:

> O grosso da tropa do Rio Grande do Sul está solidário com o marechal Denys, conforme comunicação direta de

comandantes de grandes unidades, e, portanto, integrado na coesão existente nas três Forças Armadas que, na atual conjuntura, zelam pela integridade da segurança nacional, alheando-se a pronunciamentos impatrióticos e demagógicos explorados por comunistas e inocentes úteis.

Nenhum comandante de nenhuma das "grandes unidades" sulinas tinha se solidarizado com o ministro Denys em nenhum momento. As transmissões radiofônicas da Cadeia da Legalidade, relatando a situação no Sul e em Goiás, mostravam algo muito diferente do comunicado do Ministério da Guerra e eram, por si só, um desmentido concreto.

Como tinha acentuado o arcebispo de Porto Alegre, dom Vicente Scherer, "em tempo de guerra, mentira é como terra".

Capítulo XIII

O VETO ESCRITO

– 1 –

Os três ministros militares tinham dado um golpe de Estado de fato, passavam por cima da Constituição, davam as ordens e governavam a política, mas quem respondia pela presidência da República era o presidente da Câmara dos Deputados, Ranieri Mazzilli, do PSD paulista. O poder de Mazzilli era mera formalidade. Havia nomeado apenas o deputado cearense José Martins Rodrigues como ministro da Justiça, mas continuava o governo anterior, mesmo sem funções. O PSD tinha a maior bancada no Congresso e a habilidade de sempre conciliar, especialmente nas situações intrincadas, para não se distanciar do poder. (Fora oposição a Jânio Quadros só por ter perdido a eleição presidencial.) A crise estava ainda em seus inícios quando Martins Rodrigues levou a Mazzilli a sugestão de Ernâni do Amaral Peixoto, presidente nacional do partido que deixara o governo apenas sete meses antes, com o término do mandato de Juscelino Kubitschek:

– Veja uma forma de obter uma resolução do Congresso sobre o veto dos ministros militares à posse do Jango. Senão, você ficará como o responsável por tudo!

A 28 de agosto de 1961 (à mesma hora em que Leonel Brizola fazia pelo rádio, em Porto Alegre, um patético chamamento à resistência e se preparava para receber o general Machado Lopes), em Brasília, o presidente em exercício, Ranieri Mazzilli, enviava ao Congresso Nacional um lacônico ofício:

Tenho a honra de comunicar a V. Excia. que, na apreciação da atual situação política criada pela renúncia do presidente Jânio Quadros, os ministros militares, na qualidade de chefes das Forças Armadas, responsáveis pela ordem interna, me manifestaram a absoluta inconveniência, por motivos de segurança nacional, do regresso ao país do vice-presidente João Goulart.

A mensagem em si era uma extravagância. Pode alguém "ter a honra" de comunicar uma manifestação contrária à lei? E, logo, ao Poder Legislativo que (pelo menos em teoria) formula as leis? Mas o ofício deu forma a uma situação concreta e, habilmente, levou o Congresso a pronunciar-se sobre a posição dos chefes das Forças Armadas. Junto à comunicação ao Congresso, Mazzilli enviou uma "mensagem ao povo brasileiro", repetindo os seus termos e acrescentando que, se os senadores e deputados "houverem por bem reconhecer os motivos invocados" (pelos ministros militares), ele próprio se considerava incompatibilizado para candidatar-se, "em substituição do Sr. Jânio Quadros ao exercício efetivo da Presidência da República". Ou seja: "lavava as mãos", como na cena bíblica, e abria a porta para o Congresso admitir (e "legalizar") os "motivos de segurança nacional" invocados para desobedecer a Constituição e impedir a posse do vice-presidente.

Pelo país inteiro, a imprensa equiparou a mensagem à apreciação do "impedimento" do vice-presidente. Até os jornais sob censura, no Rio e em Minas, fizeram a comparação. Mesmo sem as formalidades do "*impeachment*", em tudo havia equivalência: se aprovados os termos da mensagem, o Parlamento excluiria João Goulart e, necessariamente, deveria escolher uma das tantas fórmulas de "eleição indireta" debatidas na área política, principalmente entre os governadores – à exceção dos do Rio Grande do Sul, Goiás e Piauí. Quando o presidente do Congresso, senador Auro Moura Andrade, constituiu uma comissão mista para apreciar a mensagem de Mazzilli, o III Exército já se havia integrado à Campanha da Legalidade, toda a Capital da República acompanhava, pelo rádio, as vozes vindas dos porões do Palácio Piratini e o governador de Goiás, Mauro Borges Teixeira, já se mobilizava em solidariedade a Brizola. A conclusão da comissão – "o direito do Sr. João Goulart à assunção à Presidência da República é líquido, certo e tranquilo" – foi votada de imediato pelo Congresso e aprovada por trezentos votos a doze.

"Negado o impedimento de João Goulart", estamparam os jornais. Vindo de Cingapura, Jango tinha acabado de chegar a Paris, sem saber ainda quando ou como poderia voltar ao Brasil.

– 2 –

Sem dar atenção à resolução do Congresso, os três ministros insistem no veto ao vice-presidente ou, até, redobram a insistência. A 30 de agosto de 1961, cinco dias após a renúncia de Jânio Quadros, num longo "documento público", formalizam o que já haviam expressado em declarações à imprensa, em radiogramas aos militares ou em conversas e "advertências" aos políticos. Alegam que cumprindo "o dever constitucional de responsáveis pela manutenção da ordem, da lei e das instituições democráticas", manifestaram ao presidente da República "a absoluta inconveniência do regresso ao país do vice-presidente João Goulart". E argumentam:

> [...] No quadro de grave tensão internacional em que vive dramaticamente o mundo em nossos dias, com a comprovada intervenção do comunismo internacional na vida das nações democráticas – e, sobretudo, nas mais fracas – avultam à luz meridiana, os tremendos perigos a que se acha exposto o Brasil. [...] O senhor João Goulart, no cargo de vice-presidente, sabido é que usou sempre de sua influência em animar, apoiar, mesmo ostensivamente, manifestações grevistas promovidas por conhecidos agitadores. E ainda há pouco, como representante oficial, em viagem à URSS e à China comunista, tornou clara e patente sua incontida admiração ao regime desses países, exaltando o êxito das *comunas populares*. Na Presidência da República, em regime que atribui ampla autoridade e poder pessoal ao chefe do governo, o senhor João Goulart constituir-se-ia, sem dúvida alguma, no mais evidente incentivo a todos aqueles que desejam ver o país mergulhado no caos, na anarquia, na

luta civil. As próprias Forças Armadas, infiltradas e domesticadas, transformar-se-iam, como tem acontecido noutros países, em simples milícias comunistas.

Em suma, por tudo isto, Jango Goulart não deve e não pode assumir a Presidência da República!

O manifesto pouco se atém ao Brasil e, fora da menção à existência de greves, não faz referências à realidade nacional. Está impregnado, apenas, do espírito da Guerra Fria e a única preocupação visível é "o perigo comunista". É a linguagem da CIA ou do Pentágono, o Departamento de Defesa dos Estados Unidos, não o das Forças Armadas de um país soberano que busca se desenvolver e crescer.

– 3 –

Aquele 1961 despontava como um ano crucial para a política de Washington. Em abril, o cosmonauta soviético Yuri Gagárin fez o primeiro voo em órbita ao planeta e lá do espaço soltou aquela frase – "a Terra é azul, azul" –, deixando o mundo estupefato, pois nem desconfiávamos que o planeta fosse colorido. Dias depois, os cubanos repeliram a invasão de seu país por forças treinadas, armadas e pagas pela CIA e, em seguida, o governo de Fidel Castro proclamou-se "socialista". O presidente John Kennedy tenta mudar o tratamento à América Latina e institui o programa de ajuda da *Aliança para o Progresso*, com centro em obras de saneamento e casas populares, sem tocar na industrialização. Mas, na reunião que formaliza tudo isso em Punta del Este, Ernesto *Che* Guevara faz mofa e diz: "Isto é um programa para construir latrinas". O enfrentamento sem guerra aberta entre os Estados Unidos e a União Soviética chega ao clímax na Europa, em junho, quando a comunista Alemanha Oriental constrói um muro separando os dois lados de Berlim. A medida antipática será um flagelo para os comunistas ao longo dos anos, mas naquele momento descontrola os Estados Unidos e exaspera os "falcões" militares que sonham com o confronto direto e, até, com a guerra nuclear.

No Brasil, o núcleo militar que se espelha nesses sonhos e crê apenas num mundo bipolar – em que se está com os Estados Unidos ou com o comunismo – tem um teórico pensante, o coronel Golbery do Couto e Silva. E é ele quem escreve o manifesto dos três ministros militares. Há anos, Golbery é o escriba da direita do Exército. Em 1953, no governo de Getúlio Vargas, redigiu o explosivo "manifesto dos coronéis", em que 84 oficiais dessa graduação protestaram contra o aumento de 100% no valor do salário mínimo, sob a alegação de que remuneração tão alta para um trabalhador afastaria os jovens das carreiras subalternas das Forças Armadas. A duplicação fora proposta pelo "jovem ministro do Trabalho", como a direita liberal depreciativamente chamava João Goulart por ter 34 anos de idade, ser solteiro e rico – como se a juventude, o celibato e a fortuna pessoal fossem uma autocondenação. Para não aprofundar a crise militar em gestação, Getúlio tirou-o do Ministério.

A ojeriza ou desconfiança de um setor militar contra Jango começou aí, nesse "manifesto dos coronéis", a partir de um preconceito comum na época no seio da direita conservadora, que via o operário e o trabalhador rural apenas como esfarrapados prestadores de serviços, incapazes de se integrarem à sociedade e à vida cidadã.

– **4** –

Em 1953, o inofensivo Jango, com um gesto apenas, fácil e até demagógico, passou a ser visto pelos conservadores como um perigoso agitador de massas. Tinha proposto e assinado tão só um decreto salarial, nem sequer um programa ou uma promessa de reforma social, mas isso era suficiente para incluí-lo no rol dos "inimigos internos".

Nessa nova concepção castrense, surgida da doutrina norte-americana da Guerra Fria, "o inimigo" não está além-fronteiras, vestindo outro uniforme e falando outro idioma, mas é também (e principalmente) tudo o que, dentro do próprio país, aglutine e mobilize as camadas populares ou os grupos sociais –

trabalhadores ou estudantes – e que signifique reivindicação. Ou que fale em "reformas sociais" e "desenvolvimento autônomo", em crescer sem depender dos grandes grupos internacionais, e menos ainda submeter-se a eles. Qualquer coisa assim é "agitação comunista", germe de pérfida e perigosa "guerra revolucionária", no entendimento da Doutrina de Segurança Nacional, que a Escola Superior de Guerra importou dos Estados Unidos e difunde pelas Forças Armadas do Brasil.

Nesse 1961, o coronel Golbery é o cérebro que teoriza e articula a ideia do "mundo bi-polar" – escrito assim, com hífen, para não haver dúvida de que se vive entre dois polos e que tudo é branco ou é preto, sem outros tons nem cores. A missão dos exércitos é salvaguardar "o mundo ocidental e cristão", livrá-lo da infiltração comunista, seja como for, a ferro e fogo, se preciso. Com a bomba nuclear, se necessário. O alinhamento com os Estados Unidos é um caminho tão natural quanto o curso dos rios que desembocam no mar. Agora, as fronteiras são ideológicas. Já não valem as montanhas e rios que, nos mapas, separam países ou grupos culturais ou linguísticos. Em vez da fisiografia, a ideologia é que determina as fronteiras. As ideias que o coronel Golbery sintetiza e propaga vão estender-se anos adiante, Brasil afora, e tem um núcleo: impedir que João Goulart assuma o governo. Se não for possível, derrubá-lo mais tarde, mas sempre a partir de agora, deste agosto-setembro de 1961.

A figura símbolo do "inimigo interno" está no exterior, em viagem ao Brasil.

Capítulo XIV

A VOLTA POR PARIS

– 1 –

João Belchior Marques Goulart, o Jango, não sabe do perigo que encarna nem do que dizem que representa. Foi à União Soviética e à China enviado pelo presidente Jânio Quadros, com a missão de reaproximar o Brasil de dois países com os quais não há relações diplomáticas só por serem comunistas, mesmo que lá viva um terço da população mundial.

A renúncia presidencial o encontrou na cama, madrugada em Cingapura, onde chegara horas antes, vindo de Xangai, ao final da visita à China. Dormia tão profundamente, alheio e longe de tudo, que nem sequer ouviu as batidas na porta do apartamento do Hotel Raffles. A jovem de olhos puxados que dormia a seu lado (daquelas de aluguel e rosto pintado, que deambulavam pelo bar do hotel) teve de sacudi-lo e gritar para que despertasse e abrisse a porta. De cuecas, Jango saltou da cama e ouviu a notícia que lhe transmitiam dois membros da comitiva:

– Acorda e te veste. O Jânio renunciou e tu és, agora, o presidente do Brasil![35]

Mais do que despertar-se, estremeceu. O inesperado é como uma lâmina cortante roçando a pele, e o primeiro impacto foi de susto. Desde o "manifesto dos coronéis", Jango sabia

---

35. Os jornalistas João Etcheverry e Raul Ryff deram-lhe a notícia, recebida da agência norte-americana UPI. Detalho o episódio em *O dia em que Getúlio matou Allende*. Rio de Janeiro: Record, 2004, cap. VI.

que sua vida política tinha limitações e que seu posto máximo era a vice-presidência. Não se sentia perigoso ou agressivo para ninguém, mas um imenso setor civil e militar o via assim, como ele nem imaginava ser. Por isto, só lhe cabia tornar-se um discreto vice-presidente, como nos quatro anos de Juscelino Kubitschek, no máximo influindo, sem aparecer nem governar. Mas, e agora?

Em plena madrugada de Cingapura, a comitiva vinda da China reuniu-se na *suite* de Jango no hotel. Abriram uma garrafa de *champagne* e, quando todos iam brindar "pelo presidente do Brasil", o senador pernambucano Barros Carvalho (o mais velho do grupo) adiantou-se, levantou a voz e a taça e bradou:

– Ao imprevisível!

Jango ergueu também a taça e, quase em coro, todos repetiram – "ao imprevisível" –, como se aquilo fosse um vaticínio do imponderável ou, até, do impossível.

A milhares de quilômetros, sem nada saber do Brasil, tinham penetrado na realidade dos dias seguintes.

– **2** –

Nesse 1961 de acesa Guerra Fria, Cingapura é a única porta de saída da China comunista, fora da União Soviética. Dessa nesga de terra, perdida entre o oceano Índico e o Pacífico, Jango Goulart inicia a longa viagem de volta ao país para onde não pode voltar. Num avião da *Swissair*, sobrevoa a Índia, o Irã, a costa iugoslava do Mediterrâneo e desembarca em Zurique, na Suíça, a 27 de agosto. No dia seguinte, já em Paris, telefona para o Brasil e, pela primeira vez, recebe notícias concretas de Brasília, Rio e Porto Alegre. Logo, vai a Barcelona, na Espanha, ver sua mulher e os dois filhos pequenos que lá estão em férias, e retorna à capital francesa, saindo no dia 30 rumo a Nova York. Aí permanece cinco horas e voa a Lima, onde troca de avião para chegar a Buenos Aires (pela rota do oceano Pacífico) a 31 de agosto. Descansa três horas no hotel do aeroporto de Ezeiza e ao início da noite está em Montevidéu. Instala-se na Embaixada do

Brasil na capital do Uruguai, onde Walder Sarmanho, gaúcho de São Borja, como ele, e irmão de dona Darcy (viúva de Getúlio Vargas) é o embaixador. Não estava ainda no Brasil, mas era como se houvesse chegado à casa paterna.

Em quatro dias, tinha dado uma volta ao mundo, sempre em voos comerciais, buscando o Brasil mas evitando chegar ao Brasil, com uma precisão que nenhuma agência de viagens talvez consiga hoje, com computadores e reservas eletrônicas.

Em Montevidéu, na Embaixada, Jango se atira ao telefone com uma voracidade ainda maior que a de Paris, no Hotel Georges V, de onde tinha feito 89 chamadas ao Brasil e recebido outras tantas em dois dias. Do hotel parisiense, tinha conversado várias vezes com Brizola e sabido da resistência no Rio Grande do Sul, da participação do III Exército e da adesão de Goiás. E, mais do que tudo, do veto dos ministros militares. Para contorná-lo, multiplicava os contatos com senadores e deputados em Brasília, em busca de uma "solução política" para superar o impasse militar. Recusou-se a conversar sobre a "humilhante sugestão" de "renunciar em nome da paz da Nação", mas – noutro telefonema – quando o jurista e ministro de Relações Exteriores, Afonso Arinos, comentou-lhe sobre uma emenda à Constituição instituindo o parlamentarismo, aceitou ir adiante. Há anos, o deputado Raul Pilla, uma das figuras mais sérias do Parlamento, insistia com o parlamentarismo, mas sua emenda constitucional acabava rejeitada ou simplesmente arquivada. Em julho, tinha voltado a apresentá-la, "por coerência", mesmo sabendo qual seria o destino. Mas, na crise ou no impasse, a emenda aparecia agora como um remendo mágico. Pelo telefone, Jango autorizou o líder trabalhista na Câmara dos Deputados, Almino Affonso, a debater o tema, a contragosto do próprio parlamentar: "Em condições normais, eu optaria pelo parlamentarismo, mas no momento atual isto é uma mutilação", disse-lhe Almino, que – mesmo assim – cumpriu a missão.

Os telefonemas de Paris abriam e fechavam caminhos. Lá, Jango aceitou conversar sobre o parlamentarismo e, ao mesmo tempo, recusou a oferta de Brizola de voar "diretamente a Porto

Alegre". O comandante Goetz Hertzfeld, diretor de operações da Varig, já tinha até esboçado a rota: um *Boeing* (o único da companhia) sairia de Nova York a Paris, onde recolheria Jango. Logo, voaria a Dakar, para reabastecer-se e poder contornar a costa africana, afastando-se do nordeste do Brasil para entrar ao Rio Grande do Sul pelo mar. Jango achou "arriscado o plano de voo" e a viagem em si, que "poderia provocar ainda mais os militares". Faria o itinerário oposto: iria a Nova York e de lá ao Uruguai.

– 3 –

Por que Jango reluta em vir ao Rio Grande do Sul, se todo o Estado está mobilizado à sua espera? Por que não demonstra – como a Constituição aponta – que o presidente da República agora é ele, mesmo sem ter sido empossado? Se são necessários acordos políticos, ou até concessões, por que não debater e negociá-los em Porto Alegre, já em solo do Brasil, com apoio do governo rio-grandense e garantia do Exército? Por que essa escala e permanência em Montevidéu, se Porto Alegre está ali perto, alcançável até mesmo por terra?

Desde Paris, nos primeiros telefonemas a Brasília, Rio, São Paulo e Minas Gerais, Jango tinha ouvido da maioria dos políticos um recado indireto e sibilino, às vezes feito diretamente: "Desprenda-se do governador!". Não era apenas uma exigência dos ministros fardados, que o general Ernesto Geisel, chefe da Casa Militar de Mazzilli, tinha transmitido aos líderes das bancadas partidárias no Congresso. Até de alguns trabalhistas e *peessedistas*[36] que jamais lhe negaram apoio e (que apoiavam também o governador) Jango ouvia isso. Não importava que "o governador" houvesse sido o primeiro a não aceitar o golpe e a rebelar-se, nem que houvesse construído a mobilização popular que já se estendia pelo país. No fundo, todos queriam os louros da vitória, mesmo que pouco tivessem contribuído para

---

36. *Peessedistas*, membros do PSD, Partido Social Democrático, conservadores de origem getulista que governaram com Juscelino Kubitschek de 1955 a janeiro de 1961.

o triunfo que se avizinhava. E, para isto, nada melhor do que alvejar o artífice principal de tudo.

Brizola decidiu contra-atacar. Aquilo transformava-se numa guerra de posições, cada qual tentando ocupar terreno e garantir território junto a João Goulart. Era fundamental trazê-lo a Porto Alegre, com urgência, para conhecer uma realidade que só os olhos – não os telefonemas – poderiam comprovar. As negociações em torno do parlamentarismo alastravam-se rápido e podiam mudar o foco da contenda e o próprio centro dos acontecimentos, anulando Porto Alegre e entronizando Brasília. Além disso, o tom indefinido ou anódino de Jango no último contato em Paris, dava a entender que ele estava mais interessado em encontrar "uma solução" em Brasília do que a lutar, junto a Brizola e o III Exército, para garantir a solução dada pela própria Constituição – sua posse como presidente e com todos os poderes presidenciais.

Desde a saída de Jango de Paris, sabia-se que ele aceitara conversar em Montevidéu com "um enviado do Congresso", que obviamente para lá viajaria com o beneplácito dos ministros militares. Em contrapartida ou contrapeso, buscando um equilíbrio na balança da negociação política, Brizola envia o advogado Ajadil de Lemos à capital uruguaia, como seu representante "com plenos poderes". Jurista brilhante (um dos fundadores, em 1945, da União Social Brasileira, de Alberto Pasqualini, que depois se integrou ao trabalhismo), Ajadil não tinha posto algum no governo mas era chamado, sempre, a opinar e decidir nos assuntos difíceis.

– Minha missão, agora, é até simplória: convencer João Goulart de que é presidente da República e que deve estar no Brasil... –, disse-me, ironizando consigo mesmo, como se revelasse um segredo, à saída, no aeroporto, ao embarcar em um dos dois aviões fretados por Brizola.

Para "escoltá-lo" ou para aumentar a pressão, dois *Curtiss-Commander* da Varig voaram a Montevidéu levando 87 jornalistas que lá chegaram duas horas antes de Jango. Brasileiros e estrangeiros misturavam-se no voo fretado pelo governo estadual.

Dispostos a "voltar a Porto Alegre com Jango", serviam-lhe de proteção e escudo humano: os jatos pretos da Marinha, que sobrevoavam ameaçadoramente o Sul, não se animariam a disparar sobre um avião repleto de jornalistas do mundo inteiro.

A Cadeia da Legalidade anunciou o voo dos jornalistas a Montevidéu "para acompanhar o presidente ao Brasil", sem mencionar a presença do negociador de Brizola e figura principal. Como explicar que, depois de tudo, Brizola ainda era obrigado a negociar com Jango para trazê-lo de volta ao Brasil?

Não viajei a Montevidéu. Limitei-me a ir ao aeroporto da capital gaúcha e, a pedido da Casa Militar do governador, "filtrar" os desconhecidos que, às dezenas, se apresentavam como "correspondentes estrangeiros" e pretendiam viajar. A lista de passageiros era feita no próprio balcão do aeroporto por um oficial da Casa Militar, que – quando não conhecia o jornalista – pedia que eu confirmasse a identidade e o jornal ou agência noticiosa. Quatro ou cinco aventureiros, vindos do Rio, apresentaram-se como "correspondentes" da Agência Nova China, da Tass e do Pravda, de Moscou (sem representantes no Brasil) e da cubana Prensa Latina (que eu próprio representava) e só não foram presos porque acabaram confessando que apenas pretendiam "conhecer Montevidéu" sem pagar passagens.

– 4 –

Nas trinta horas entre o último telefonema de Paris e o primeiro de Montevidéu, tudo tinha evoluído, tanto no Sul quanto em Brasília. A Cadeia da Legalidade crescia em número de emissoras (a Rádio Brasil Central, de Goiás, ou dezenas mais e transmitia também em francês, alemão, inglês e árabe) e as tropas do III Exército marchavam a São Paulo, decididas a "fazer cumprir a Constituição". No Congresso, os políticos estabeleciam um rito sumário para votar a emenda parlamentarista. Começava uma luta surda em torno de João Goulart. Ou mais do que um luta, um cerco, tentando transformá-lo em cidade sitiada, naquele ambiente que – até então – era de guerra.

Na noite de 31 de agosto, do telefone da Embaixada do Brasil, Ajadil de Lemos previne o governador de que "Jango está totalmente voltado para Brasília" e, depois, os coloca em comunicação. O telefonema é longo. Brizola fala da expectativa popular por vê-lo no Brasil e da confiança que isto trará à área militar. Insiste em que viaje a Porto Alegre: o presidente da Varig, Ruben Berta, tem um jato *Caravelle* no hangar, pronto para voar a Montevidéu e trazê-lo de volta ao Brasil "ainda esta noite".

Jango contemporiza, é evasivo, mas define um ponto crucial: fica em Montevidéu "pelo menos esta noite", pois se comprometeu com Amaral Peixoto (presidente nacional do PSD) a aguardar um "emissário do Congresso", Tancredo Neves, que virá de Brasília para relatar o que ocorre por lá. Minutos depois, o próprio Tancredo telefona à Embaixada e acertam o encontro para a manhã seguinte.

Amigo de Jango ainda dos tempos em que ambos foram ministros de Getúlio Vargas, a meados dos anos 1950, Tancredo foi deputado federal, mas, desde que perdeu a eleição para governador de Minas Gerais, em 1960, não tem posto algum. É um negociador paciente e hábil, porém: para preparar o encontro com Jango, conversa com os ministros militares e o general Ernesto Geisel, com os dirigentes partidários, até com Mazzilli, que não manda nada, mas representa e faz de conta.

Só não conversa com o personagem que iniciou a resistência nem com o general que o secundou no gesto. Brizola e Machado Lopes não foram procurados.

– 5 –

Na manhã de 1º de setembro, quando confirmou-se que Tancredo tinha saído de Brasília em direção a Montevidéu no avião presidencial, o turboélice britânico *Viscount*, literalmente Brizola estremeceu. Entrei ao seu gabinete, junto com os jornalistas Hamilton Chaves e Abdias Silva, e, pela primeira vez naqueles dias, seu semblante era grave, os olhos distantes e sem brilho, ele inteiro dominado pela preocupação e a dúvida.

— O Jango assina qualquer papel que ponham à sua frente. Basta ter uma caneta! — nos disse.

Emudeci. Leonel de Moura Brizola sabia de Jango Goulart mais do que ninguém. Tinham começado juntos na política, em 1947, como deputados estaduais, e assim ele conheceu sua irmã mais moça, Neusa, foram namorados, noivaram e se casaram. (Na cerimônia civil, o padrinho foi o morador da fazenda lindeira à da família Goulart – Getúlio Vargas, refugiado no pampa rio-grandense à espera de ser chamado para disputar a eleição presidencial de 1950). Além de unidos pela política, como cunhados partilhavam, também, aqueles pequenos segredos ou bisbilhotices tão comuns nas famílias com muitos filhos, muitos genros e noras, principalmente noras.

Em suma, Brizola sabia de Jango, muito mais do que o governador sabia do vice-presidente. Exatamente por isto, estava inquieto e temeroso.

Horas depois, João Caruso, secretário de Obras Públicas e presidente estadual do Partido Trabalhista, segredou-me com angústia:

— Meu temor é que o Tancredo tente usar o *Viscount* presidencial para levar o Jango direto a Brasília!

Pensou por alguns segundos e, num suspiro, completou:

— Acho que eles não se atrevem a tanto. E nem o Jango aceitaria. Mas é por isto, também, que o Ajadil está em Montevidéu...

A hipótese de que Tancredo não fosse apenas um negociador do parlamentarismo, mas também um eventual "transportador" do vice-presidente, rondava o Palácio Piratini como um fantasma. E era inquietante e aterradora. Quem a formulava era o "nosso novo Garibaldi", como Brizola chamava seu principal conselheiro naqueles dias: Caruso tinha nascido na Itália, tal qual Giuseppe Garibaldi, o "herói de dois mundos" da Revolução Farroupilha de 1835.

– 6 –

A aflição dos primeiros dias da crise repetia-se agora no Palácio Piratini, mas com uma inquietação que não havíamos sentido sequer sob ameaça de bombardeio. Os jornalistas que lá estavam, sem exceção, até os estrangeiros (e, entre eles, os próprios norte-americanos), não se limitavam a acompanhar os fatos. Todos nos sentíamos também protagonistas, participantes diretos. Talvez como aqueles correspondentes de guerra na frente de batalha, que vestem uniforme e andam armados porque correm os mesmos riscos dos soldados e estão irmanados na mesma causa. Estávamos assim todos nós e isto aumentava a aflição, ou a multiplicava, transformando tudo numa angústia de impotência.

Quando houve ameaça de invasão e de bombardeio, tínhamos como resistir, ou pelo menos tentar resistir. Agora, tudo se desenvolvia lá longe, no Uruguai, transformando-nos em impotentes criaturas, sem poder interferir em nada nem sequer saber do que conversavam Jango Goulart e Tancredo Neves. Os jornalistas que tinham embarcado em Porto Alegre para "trazê-lo de volta" e serem seu escudo, nada sabiam de Jango. Quase todos tinham retornado naquela mesma noite (nos mesmos aviões) e o tinham visto apenas rapidamente no aeroporto uruguaio, quando ele chegou de Buenos Aires (ou, de Cingapura...), disposto a continuar no estrangeiro e não seguir adiante.

Um grupo pequeno permaneceu em Montevidéu, mas nada soube do que, efetivamente, conversaram Jango e Tancredo. O único informado como "coisa certa", desde cedo pela Embaixada, é que Jango viajaria a Porto Alegre "pela estrada", para não se expor a qualquer represália da Aeronáutica ou da aviação naval. Fora disto, nos jardins da Embaixada, ouviram apenas palavras genéricas de cada um deles, ao final da longa conversação, iniciada às 10h30 da manhã e concluída às 15h.

Ao sair da Embaixada, de volta ao aeroporto para rumar a Brasília, Tancredo lançou ao ar uma frase explícita para os jornalistas postados no jardim: "Avançamos de forma substancial nas negociações em torno do parlamentarismo e isto é alvissareiro para o fim da crise".

Jango foi mais cauteloso. Brizola lhe tinha dito ao telefone que "o povo na rua e os militares nos quartéis estavam dispostos a tudo" para manter a Constituição intacta e, talvez pensando nisso, não mencionou a palavra "parlamentarismo" nos dez minutos de conversa com os jornalistas. Sublinhou apenas que estava "de espírito aberto" para encontrar uma solução "dentro da ordem legal" que "evite derramamento de sangue e a guerra civil".

E o parlamentarismo, que lhe tiraria poderes como governante?

– É um assunto complexo, que não conheço em profundidade e sobre o qual ainda não estou em condições de me pronunciar.

Tancredo havia insinuado exatamente o oposto. Em quem confiar?

– 7 –

Jango e Tancredo haviam conversado longamente, trocando ideias ou acertando compromissos, mas tudo permanecia encoberto pelo sigilo. No Palácio Piratini a incerteza se acentuava. Brizola tentou, então, participar ou intervir na negociação e (num dos telefonemas a Jango) convidou Tancredo a descer em Porto Alegre na volta a Brasília. Já tinha feito convite idêntico na viagem de ida a Montevidéu, mas o *Viscount* presidencial passou ao largo. Jango transmitiu o convite, Tancredo aparentemente aceitou e a torre do aeroporto da capital gaúcha recebeu instruções sobre a "iminente escala" de um avião da Força Aérea Brasileira "em missão de paz".

O *Viscount* presidencial, porém, sobrevoou o aeroporto a grande altura sem fazer qualquer tentativa de aproximação ou de aterrissagem. Com o convite a Tancredo, além de se meter como cunha entre Jango e o Congresso, participando assim dos entendimentos, Brizola ruminava dentro de si "uma ideia estapafúrdia": reter Tancredo Neves em Porto Alegre, sob qualquer pretexto, deixando Brasília "sem munição" para prosseguir encaminhando o parlamentarismo. O próprio autor da ideia, o secretário de Obras Públicas e presidente do Partido Trabalhista, João Caruso, a chamava de "estapafúrdia e perigosa", mas Brizola parecia disposto a levá-la adiante.

(Só muitos anos depois, ao recordar aqueles tempos, Brizola explicou que, em verdade, sua intenção era "reter" Tancredo Neves como, nas guerras, se prende um general inimigo, dando-lhe todas as garantias e atenções pessoais, mas cerceando-lhe o passo.

– Parece que o Tancredo intuiu o que iria passar e não deixou o avião descer. Poderíamos, até, usar o Viscount presidencial para buscar o Jango em Montevidéu e trazê-lo a Porto Alegre... –, disse-me Brizola, lá por 2003, meses antes de sua morte em julho de 2004.

As recordações profundas revigoram aquela fantasia infantil da "máquina do tempo", em que se regressa ao passado para modificá-lo, e arrisquei, então, uma pergunta ao acaso:

– Mas será que o Jango transmitiu, mesmo, ao Tancredo o convite para fazer escala em Porto Alegre?

– Não tinha pensado nisso... –, respondeu Brizola, mordendo os lábios, como se tocasse a gaitinha de boca, na qual era exímio desde menino, para refazer um dos episódios mais duros de sua vida adulta.)

– 8 –

O que Jango e Tancredo Neves conversaram ou negociaram em Montevidéu? Que compromissos acertaram? Em que Jango cedeu? Em que fez Tancredo ceder? Nas cinco horas de negociação, nem os telefonemas para o Brasil interrompiam a conversa. Ao contrário, alimentavam a negociação como lenha atirada à fornalha. Duas ou três vezes, Tancredo conversou ao telefone com o general Ernesto Geisel, chefe da Casa Militar da Presidência e que funcionava em Brasília como avalista dos chefes do Exército, Marinha e Aeronáutica. Esses telefonemas deram a pauta da sinfonia dos dias seguintes, tal qual se afina um violino ou um piano para um grande concerto ou uma ópera.

Só depois que, finalmente, João Goulart chegou a Porto Alegre (e, assim, ao Brasil) foi possível desvendar o que conversaram ou entender o que negociaram e acertaram na Embaixada, ao longo de ininterruptas cinco horas. Nenhuma das partes deu qualquer versão, mas o desenrolar dos acontecimentos iria desnudar tudo.

Capítulo XV

A JANGADA NAS ONDAS

– 1 –

Afinal, em tudo isto, quando é que chega João Goulart? E como chegará?

No meio da tarde de 2 de setembro, a Cadeia da Legalidade mudou o estilo ou o tipo de informação, e começou a anunciar que "o presidente João Goulart deixou Montevidéu de automóvel, em direção ao Rio Grande do Sul". Pela primeira vez, vinham "ordens de cima" (diretamente de Brizola) para reiterar a informação, a fim de que a população recebesse o presidente nas cidades do interior ou ao longo das estradas. Pouco antes, naquela tarde, os vespertinos de Porto Alegre tinham saído à rua noticiando a tentativa de desembarque de fuzileiros navais em Torres, no norte rio-grandense, durante a noite, mas a Cadeia da Legalidade nem se importou. Ignorou o fato. "O mar grosso impediu o desembarque", estampou a *Folha da Tarde*, em letras imensas e em tom de júbilo, como se exaltasse a tentativa e se queixasse do mar e das ondas. *Última Hora* sublinhou tratar-se de "outra tentativa frustrada de desembarque" e só faltou elogiar a fúria das ondas. A imprensa tinha dois olhos, duas posturas, ainda que unida "em defesa da Constituição". O austero e conservador *Correio do Povo*, na edição de 31 de agosto, por exemplo, abandonou o estilo sóbrio e anunciou num título no alto de página: "Economia rio-grandense sofre as consequências da crise política". E, a seguir, descreveu "as inúmeras dificuldades" – os produtos de exportação paralisados no cais do porto e a falta de numerário. E, além do mais, dizia, "poderá faltar combustível", algo que *Última Hora* garantia que não ocorreria "pois virá gasolina refinada do Uruguai". As emissões da Cadeia da Legalidade, porém, eram vozes uníssonas. Arregimentavam, mais do que informavam. Constituíam um instrumento de mobilização, não uma cadeia radiofônica noticiosa ou musical. Ali, não havia música bailável e a dança era outra, ao som de hinos ou marchas militares.

Nessa tarde, Brizola preocupou-se, pessoalmente, com dois detalhes "essenciais". Primeiro, que o engenheiro Homero Símon dirigisse as antenas de ondas curtas de "tal forma que fossem "perfeitamente audíveis" no Uruguai, por uma parte, e, por outra, ao largo da ilha de Santa Catarina, onde a esquadra naval estava fundeada. Segundo: mandou que Hamilton Chaves, secretário de Imprensa, e João Brusa Neto dessem ênfase às informações sobre "a viagem de Jango em automóvel, rumo à fronteira". Desde a integração do III Exército ao movimento, o subsecretário de Educação, Brusa Neto, atuava como uma espécie de "censor" informativo, para "evitar excessos ou perigosas espontaneidades" e nisso, muitas vezes, ia além do que lhe cabia: por inexperiência jornalística ou insegurança, vigiava tanto que podou, truncou e castrou informações ou ideias fundamentais. Nessa tarde, porém, foi objetivo.

Em verdade, quando a Cadeia da Legalidade deu a primeira informação de que Jango viajava de carro pela estrada, a reunião com Tancredo Neves tinha recém concluído e ambos ainda almoçavam na Embaixada do Brasil em Montevidéu. Também lá, captavam a Cadeia da Legalidade e Jango podia inteirar-se de que ele próprio "já estava em viagem", um longo trajeto por terra de oitocentos quilômetros até Porto Alegre. E, assim, se ainda resistisse a viajar, encontraria mais um motivo para superar a resistência e decidir-se. Ajadil de Lemos encarregar-se-ia de fazer com que os aparelhos de rádio, na Embaixada, buscassem captar pelo menos uma das mais de cem emissoras espalhadas por diferentes megaciclos e quilociclos. O "fato consumado" da viagem funcionava como pressão sobre Jango.

– 2 –

A Cadeia da Legalidade informou rapidamente sobre o encontro de Jango com Tancredo Neves, na Embaixada. Apenas uma brevíssima menção, como se fosse em encontro de donzelas à porta da igreja, até porque não havia o que dizer dessa reunião sigilosa, entre quatro paredes, da qual sequer havia versões. Em contrapartida, o noticiário sobre o deslocamento de João Goulart, via terrestre, foi incessante e minucioso. Com voz rouca, emocionado por irradiar algo histórico, Antônio Carlos Porto quase chorou ao microfone ao ler a primeira notícia. Ele era comentarista desportivo, mas ali estava dando a informação política mais importante, decisiva e fundamental daqueles dias tensos: Jango vinha pela estrada para entrar ao Brasil, onde os ministros militares diziam que não podia entrar!

Naqueles dias, a Cadeia da Legalidade estava repleta de voluntários. Já não era como no início, quando só havia Naldo Freitas e Hamilton Chaves revezando-se ao microfone, enquanto nós, menos de duas dezenas de outros jornalistas, nos arrimávamos às janelas, revólver em punho, à espera de um ataque. Após a integração do III Exército, desde que o movimento começou a enveredar rumo ao triunfo militar, o Palácio tornou-se pequeno para tanta gente que lá afluía para se oferecer. E menores ainda ficaram os porões, de onde funcionava a Cadeia da Legalidade. Agora, sobravam locutores, voluntários de todo tipo, todos querendo transmitir ao microfone as informações sobre a viagem que, enfim, tornaria João Goulart presidente do Brasil. As melhores e mais conhecidas vozes da radiofonia do Rio Grande do Sul agora estavam ali, nos porões abafados, levando ao ar notícias ou palavras de ordem.[37]

Mas, por onde vem a caravana de automóveis conduzindo João Goulart? De Montevidéu a Porto Alegre há três pontos

---

[37]. Em plena época de prestígio da radiofonia, quase todos os grandes locutores de Porto Alegre deram suas vozes à Cadeia da Legalidade nesse dia, entre eles Lauro Hagemann, locutor exclusivo do Repórter Esso, o mais acatado informativo do país e, paradoxalmente, símbolo da dominação dos Estados Unidos (através do petróleo) na economia mundial.

de entrada ao Rio Grande do Sul – por Aceguá-Bagé, por Jaguarão ou pelo arroio Chuí – e quem aponta qual a melhor estrada ou decide qual a melhor opção é a chuva. Só a chuva. No trajeto mais curto, pelo Chuí, qualquer chuvisco torna a estrada intransitável. Para não arriscar-se, escolherão uma das duas outras alternativas. Mas isto é segredo, como é segredo o horário em que a comitiva automobilística saiu de Montevidéu. Os jatos da FAB concentram-se em São Paulo, mas a aviação naval está próxima, no porta-aviões Minas Gerais fundeado ao largo de Florianópolis e a loucura outra vez pode funcionar. "Por sorte, Jango vem pela estrada, menos vulnerável do que um avião desarmado", raciocinamos todos, pensando no jato *Caravelle* da Varig que, há dois dias, esperava no hangar a ordem de voar a Montevidéu. A viagem é ainda parte da mobilização de guerra (ou um dos seus combates finais) e toda guerra exige precauções!

Redigi boa parte dos "boletins noticiosos" sobre a viagem de Jango pela estrada, a partir de informações que me dava o secretário de Imprensa ou o próprio Brizola pelo telefone interno do Palácio. Mas, para me dizer que "o carro de Jango havia cruzado a fronteira e entrado finalmente ao Brasil", Brizola chamou-me pessoalmente ao gabinete e, num estilo que conservou ao longo da vida, ditou pausadamente "a ideia central" e acrescentou:

– Desenvolve isto e faz a festa!

Passavam alguns minutos das 19h. Estranhei a extrema rapidez com que o carro de João Goulart e os demais da comitiva tinham chegado à fronteira. Uns vinte dias antes (após a reunião da OEA em Punta del Este), eu havia voltado de Montevidéu a Porto Alegre em automóvel e a viagem durara quase doze horas, mas nem esse dado concreto e objetivo me fez duvidar da informação do governador. E fiz a festa, como me havia pedido! A volta de Jango era a vitória do movimento, o triunfo de todos nós, da liberdade e da liberdade de informar, e na ansiedade da euforia o raciocínio se debilita ou se estreita e a própria visão se deforma. Assim, não coloquei em dúvida nada do que me dizia Brizola.

Desci ao porão, redigi uma série de rápidos "boletins" sobre o carro de Jango transpondo a fronteira e entrando ao Rio Grande do Sul e ao Brasil. Segundos depois, a notícia entrava no ar, entrecortada por uma cortina musical do Hino da Legalidade: *"Brasileiros, avante de pé, unidos pela liberdade..."*.

– 3 –

Poucos minutos depois, recebo um telefonema na sala de imprensa. É o jornalista argentino Alfredo Muñoz Unsaín, *"el Chango"*, chefe da sucursal da agência cubana Prensa Latina em Montevidéu, que me informa laconicamente:
– *Goulart acaba de tomar un avión de Varig. Mi reportero en Carrasco lo vio subir al* Caravelle!

Naqueles dias eu telefonava várias vezes ao dia, do Palácio à agência Prensa Latina, em Montevidéu, dando notícias que eram retransmitidas para o mundo inteiro e Muñoz Unsaín, agora, me retribuía a gentileza. Só podia acreditar no que ele me dizia, mas, ao mesmo tempo, como conciliar o fato de que Jango subira a um avião no aeroporto de Carrasco com o que me dissera Brizola? Da sala de imprensa, nos porões do Palácio, saí em correria em busca de alguém que me confirmasse alguma coisa. Estava atordoado: para um jornalista, nada é mais terrível do que ter de negar a notícia que acaba de divulgar, ou saber que ela é incorreta. Quando participamos da notícia ou nos apaixonamos pelos seus resultados, instala-se a confusão e nos sentimos desorientados e diminuídos.

E assim, literalmente perturbado, encontro os secretários de Obras Públicas e do Interior e Justiça, e lhes indago "sobre a verdade". Imperturbáveis, João Caruso e Francisco Brochado da Rocha "confirmam" que Jango "está chegando pela estrada, sim!" e sugerem que eu me aquiete e, mais até, que me cale.

Desorientado, observei a multidão que, no final da tarde, pouco a pouco, voltava a formar-se defronte ao Palácio, multiplicada agora pela euforia de que "Jango está chegando", como reiterava a Cadeia da Legalidade, repetindo uma informação que eu tinha redigido em três palavras, como convocação subliminal. E nessa desorientação, ao olhar a praça, vi cinco ou seis carros oficiais, aqueles Chevrolet pretos, um deles com sirene, saindo pelo portão do Palácio e, aí então, percebi (ou intuí) que só poderiam dirigir-se ao aeroporto.

O jato *Caravelle* que trazia João Goulart de Montevidéu pousou às 21h35 desse 2 de setembro de 1961 no aeroporto da capital gaúcha e estacionou na antiga (e isolada) estação de passageiros de São João, que passara a sede do setor de engenharia e meteorologia da Varig. Na pista, Brizola, o general Machado Lopes, o presidente da Assembleia Legislativa, alguns poucos secretários de Estado e oficiais do Exército e da Brigada Militar, além do fotógrafo oficial do Palácio. Nenhum jornalista, a não ser os cinco ou seis que retornavam de Montevidéu no mesmo avião.

Outra vez fazia frio, muito frio, e a recepção na pista foi rápida, menos de cinco minutos. Vestido com um terno leve, de colete mas pouco agasalhado, Jango sentou-se no banco de trás do Chevrolet preto do Palácio, Brizola de um lado, Machado Lopes de outro. Na frente, o presidente da Assembleia Legislativa, Hélio Carlomagno. No volante, o coronel Aldo Campomar, chefe da Casa Militar do governo estadual.

– 4 –

A multidão na praça – que, quarenta minutos antes, vira Brizola saindo – agora via Brizola voltando com Jango Goulart.

No Palácio, Jango foi direto à ala residencial, junto com Machado Lopes e Brizola. Reviu sua irmã Neusa e, enquanto se entretinha ou descansava numa conversa familiar, o governador subiu a um dos salões do segundo piso do Palácio, onde os jornalistas tinham sido concentrados desde sua ida ao aeroporto. De pé, num estrado, comunicou oficialmente que Jango acabava de chegar de avião e que, após breve descanso, em meia hora iria às sacadas do Palácio. Estava desfeito o enigma da viagem rápida "pela estrada" e a chegada de Jango nos animava, mas

nos sentíamos decepcionados. Foi, então, que o francês Daniel Garric, enviado especial do *Le Figaro*, de Paris, gritou alto:
— Governador, o senhor nos enganou!

Com a tranquilidade de menino vitorioso numa intrincada travessura, Brizola respondeu:
— Não! Eu enganei a FAB, enganei a Força Aérea!

Jango retornava à pátria como aquelas jangadas do nordeste, que vão a alto-mar e voltam à praia ao embalo das ondas. A mobilização de Brizola e o Movimento da Legalidade tinham vencido a batalha principal. Faltava a batalha decisiva. Ou a batalha final.

Capítulo XVI

As faixas queimadas

– 1 –

A multidão na praça grita de euforia e as vozes são tantas, e com tanto júbilo, que parecem espantar o frio. Impossível calcular quantos estão ali nessa noite, à espera de João Goulart – 50 mil, 70 mil, 80 mil. Querem ouvir o que dirá, saber o que pensa e como vai agir. Passaram dias e noites nessa mesma praça como escudos humanos do Palácio e do governador e, assim, lutaram mais do que ninguém. Agora, aguardam, para ver e ouvir o homem que "seria preso" se voltasse ao Brasil e que voltou há poucos minutos, livre e sorridente.

Por volta das 22h30, João Goulart chega à sacada do Palácio, ao lado de Brizola e Machado Lopes. O delírio se apossa da praça. Sorridente, acena para a multidão, que grita seu nome, em coro. Faixas e cartazes espalham-se da rua à praça, das árvores aos postes, ou erguidos por homens e mulheres. Outros, empunham imensos painéis com fotografias de Jango, Brizola, Machado Lopes e do presidente da Assembleia Legislativa, Hélio Carlomagno. Na sacada, as bandeiras do Brasil e do Rio Grande do Sul se entrelaçam num triângulo, como se coroassem outro triângulo – Jango, Brizola e Machado Lopes.

Jango sorri e acena à multidão.

Um locutor, microfone à boca, transmite como se fosse um "animador" de programa de auditório destinado a autoridades:

– Atenção, Sua Excelência, o doutor João Goulart, na sacada do Palácio Piratini, acompanhado de Suas Excelências, o governador Leonel Brizola e o general Machado Lopes, comandante do glorioso III Exército, é recebido e homenageado pela multidão concentrada na Praça da Matriz. Palmas, palmas!

Não era preciso pedir "palmas", o povo já festejava por si mesmo. Até então, a voz do locutor nunca fora ouvida na Cadeia da Legalidade, mas seu rosto não é desconhecido.[38] É o secretário da Saúde do governo estadual, antigo locutor de rádio no interior do Estado, e transmite num estilo de festa, mas de festa de programa de calouros, como se fosse distribuir prêmios entre os assistentes.

O único prêmio que a multidão pretende, porém, é a palavra de Jango, que continua calado e só acena. Brizola sussurra-lhe uma frase seca – "vai adiante e fala" –, mas Jango apenas sorri e gesticula. O locutor continua a descrever "o júbilo da praça" para os milhões de ouvintes da Cadeia da Legalidade. O mutismo de Jango é o oposto de tudo o que a rádio transmitira até então: a mobilização popular a seu favor tinha surgido da palavra de Brizola, mas agora o próprio Jango silencia. E não há palavra alguma.

A um lado da sacada, assisti a tudo e, tão ansioso quanto o povo, antecipei-me à inquietação da praça e tomei o microfone das mãos do locutor, pronunciando uma frase breve – "O povo que aqui está quer ouvir a palavra do presidente João Goulart" –, mas não houve qualquer reação. O locutor conhecia os segredos do silêncio e tinha desligado o botão do microfone. Minha voz chegou apenas a meia dúzia de pessoas e, no alarido, talvez nem sequer a Jango.

Novo aceno e, ao fim de três minutos, ele se retira da sacada. Acenando.

– 2 –

Quando Jango assomou-se à sacada, seu rosto era de emoção, mas também de espanto. Sim, de espanto, mais do que tudo:

---

38. O *adhemarista* Lamaison Porto, secretário de Saúde de Brizola, fora locutor de rádio e "animador de programas de auditório" em Passo Fundo, interior do Rio Grande do Sul.

nunca tinha visto tanto povo reunido e tanta efusão. Naquele momento ele testemunhava aquilo que Brizola lhe havia contado ao telefone e que, de longe e por momentos, chegou a lhe parecer exagero. Afinal, em outubro de 1960, onze meses antes, na eleição para vice-presidente, ele tinha ficado em segundo lugar no Rio Grande do Sul, um golpe duro que podia ter sido fatal se outros Estados não lhe tivessem garantido a vitória.[39] Agora, a euforia aparecia ali como confiança. Olhou o largo imenso e iluminado e só viu povo. Nada mais! Os bancos da praça tinham voltado ao seu lugar e viravam improvisadas arquibancadas: dias antes, tinham sido arrancados pelo povo e levados ao meio da rua para servirem de obstáculo aos tanques e defender o Palácio. Mas de nada disso ele sabia! Naqueles dias, estava em terra estrangeira e por isso, ao regressar, portava-se como um estrangeiro que chegasse a um rincão desconhecido sem entender o idioma. E sem entender que aquilo era a terra natal.

Por isto não pronunciou uma só palavra? Calou-se ou emudeceu por não saber da resistência e que, na resistência, todos tinham sido voluntários? Civis e militares decidiram resistir por iniciativa própria. Até no Exército e na Força Aérea, os que não concordaram em resistir ao golpe, desertaram ou fugiram. Ou colocaram-se a favor do golpe, como alguns poucos em Santa Catarina e no Paraná. No entanto, ninguém foi forçado ou compelido a ficar com o Movimento da Legalidade. Nem os praças da Brigada Militar, com soldo atrasado em dois meses e que são soldados profissionais: ao partirem para defender o litoral norte, foi-lhes dada a oportunidade de não viajar, mas ninguém se negou.

Ninguém pedia nada em troca. Aquela estudante da Faculdade de Filosofia, Érika Coester, que foi aos porões do Palácio oferecer-se para transmitir boletins em alemão pela onda curta da Cadeia da Legalidade, pedia apenas um copo d'água, nada mais, para a garganta seca após uma hora ao microfone, em que ela

---

39. Fernando Ferrari, candidato a vice-presidente pelo Movimento Trabalhista Renovador (dissidência do antigo PTB), triunfou no Rio Grande do Sul, mas ficou em 3º lugar no cômputo nacional.

própria traduzia o texto, de improviso. Aquele homenzarrão que transmitia boletins em árabe pelas madrugadas e que falava português de jeito arrevesado, pediu apenas licença para apertar a mão de Brizola. Nada mais. Os que transmitiam em inglês e francês chegaram à rádio também espontaneamente, sem que ninguém os catasse em lugar algum nem lhes propusesse remuneração.

Tudo isto significava entrega e demandava sacrifício, mas era feito com alegria e fervor. Todos se sentiam bem onde estavam e no que faziam espontânea e voluntariamente. Entretanto, o núcleo de tudo parecia a contragosto. Jango Goulart se esquivava, como se tentasse não ser visto ou esconder-se. Nenhum jornalista foi avisado de sua chegada, nem a testemunhou no aeroporto. Por quê? Não pode ter sido por "questões de segurança", pois Brizola, o general Machado Lopes e outros mais foram recebê-lo. Este não é o estilo do governador, sempre aberto à imprensa, ainda mais nestes dias em que os jornalistas são a base da mobilização pelas rádios da Cadeia da Legalidade.

Dentro do Palácio, começamos a nos indagar. Toda indagação não esclarecida leva à desconfiança e começamos a desconfiar. Na praça, a multidão já se perguntava também, desde que Jango apenas acenou, sem dizer sequer "obrigado, cheguei" e sem, pelo menos, agradecer àqueles homens e mulheres por enfrentarem o frio intenso, que voltara aquela noite. O que havia ocorrido?

Aquele mutismo só podia ser fruto de um compromisso sigiloso. Começamos a juntar pedaços para reconstituir o encontro de Jango e Tancredo Neves em Montevidéu, cinco horas interrompidas apenas por telefonemas para Brasília (buscando o general Geisel) ou chamadas de Porto Alegre (com Brizola na linha). No dia seguinte à chegada, quando Jango entregou a Hamilton Chaves "uma nota à imprensa", a interrogação acentuou-se. Genérica e anódina, parecia apenas destinada a acalmar as perguntas:

> Chego à minha pátria para cumprir os deveres que me são impostos pela Constituição. Não alimento ódios nem ressentimentos de qualquer espécie. O meu desejo identifica-se com

os anseios do povo brasileiro, a preservação da ordem legal, o respeito à Constituição e às leis. [...] Entendo que, depois do impacto decorrente da renúncia do presidente Jânio Quadros, nenhum governo poderá ser instalado no país senão com base no congraçamento de todas as forças responsáveis do Brasil. A mensagem que trago é de paz e esperança. Permaneço inteiramente devotado aos princípios democráticos, à manutenção da ordem, pronto a servir à República no interesse do progresso e do bem-estar político, econômico-social e espiritual da Nação.

O secretário de Imprensa leu a nota, observou que faltava referir-se ao povo e ao virtual estado de guerra, e decidiu animá-la com uma frase final. E acrescentou, como conclusão: "Que Deus me ilumine. Que o povo me ajude e que as armas não falem".

– 3 –

Lida e interpretada hoje, meio século depois, a nota (escrita pelo jurista Ajadil de Lemos) parecerá serena e correta, destinada a apaziguar os golpistas que, para impedir a posse, queriam até prender o vice-presidente "ao descer do avião, em qualquer ponto do país". Mas, uma tentativa de golpe como aquela, fundada nas armas e comandada pelos ministros militares, não podia ser simplesmente apaziguada.

– Tem de ser derrotada, pois se não for derrotada, nasce de novo –, argumentava Brizola, sem saber que suas palavras eram uma profecia. E a grande maioria, no Sul e, depois, no país inteiro, pensava assim também. As armas podiam "não falar", mas deviam demarcar território e mostrar quem havia triunfado – o golpe contra a Constituição ou a rebelião pela Legalidade.

Mais do que tudo, a nota escrita de Jango desconhecia a mobilização popular, ignorava o detalhe inusitado de que, pela primeira vez, os civis se haviam levantado contra um golpe de Estado e que os militares os acompanharam, constituindo-se em seu suporte. O golpe anterior, de novembro de 1955, tinha sido abortado pelo general Lott, que era o próprio ministro da

Guerra, e se resumira a uma disputa na área militar. O Senado e a Câmara dos Deputados entraram, apenas, para dar a solução formal.

Nesse 1961, tudo era diferente e Jango parecia desconhecer o elemento novo e essencial da mobilização popular. Seu mutismo esquecia-se disso e significava, apenas, uma mensagem a Brasília, onde a Câmara dos Deputados começava a debater a emenda para introduzir o parlamentarismo e podar os poderes do presidente da República. A nota foi lida na Cadeia da Legalidade e, a partir dela, todos perceberam que Jango aceitaria o parlamentarismo. Ou já o tinha aceito nas conversas com Tancredo Neves. Tornou-se transparente, também, o que iria confirmar-se tempos depois: no encontro de Montevidéu, Jango tinha se comprometido a não discursar nem falar pela Cadeia da Legalidade, muito menos exibir-se em público em Porto Alegre. Tancredo argumentava que isto "exasperaria ainda mais" os ministros militares, mas em verdade era uma exigência dos próprios ministros, que o general Ernesto Geisel, chefe da Casa Militar da Presidência, reiterou em telefonema à Embaixada.

Em Porto Alegre, Jango trancafiou-se na ala residencial do Palácio, recebeu rapidamente comissões de sindicatos de trabalhadores e estudantes, além dos deputados à Assembleia Legislativa gaúcha, mas evitou a imprensa. Na verdade, e inexplicavelmente, os jornalistas constituíam o setor que se mobilizava com mais fervor. Até os estrangeiros (europeus e norte-americanos) que tinham chegado como meros espectadores, sentiam-se mobilizados também. Inclusive os mais conservadores. Só não usavam revólver, como nós que estávamos ali desde o primeiro dia, mas queriam "ir adiante também". Não sabíamos exatamente aonde isto nos levaria, mas o clima febril nos mobilizava, revólver na cintura e, na cabeça, a decisão de seguir rumo a Brasília. A cada instante, porém, isto parecia fugir do horizonte.

– 4 –

Pouco antes das 22h do sábado, 2 de novembro de 1961, João Goulart envia à Cadeia da Legalidade um "manifesto à Nação", que Hamilton Chaves recebe:

– Isto é uma capitulação e dá vontade de rasgar! –, balbucia, lívido, estendendo-me as folhas do texto.

Numa rápida vista d'olhos, tenho a mesma impressão: o manifesto é a aceitação tácita do parlamentarismo e começamos a protestar entre nós. Alguns argumentam a favor, a maioria contra. Somos uns trinta ou quarenta jornalistas de plantão no Palácio, reunidos nos porões, quase à frente dos microfones. Enquanto discutimos, a rádio toca o Hino da Legalidade, sem parar e sem pausas, uma, duas, três vezes. Hamilton me encara e se comunica comigo pelo olhar. E eu começo a entender: ele ocupa alto posto no governo, não pode fazer o que eu posso, pois sou apenas um jornalista. Com os olhos e com um gesto, pergunto também e ele entende minha pergunta:

– Dá fim nesta bobagem! – sussurra e sai.

E, com aquela decisão rápida que só o medo desencadeia (como se disparasse contra um inimigo mais forte e poderoso do que eu para livrar-me dele antes de ser estraçalhado pelo seu poder e sua força), levanto a voz, trêmulo, e digo o que pensa a maioria:

– Isto não vai se ler na Rádio! – e rasgo a cópia do manifesto. Todos gritam, a maioria em aplauso.

Não era apenas um gesto simbólico. Não existiam ainda as fotocopiadoras xerográficas: as cópias eram feitas com máquina de escrever e papel carbono, duas a duas, num processo demorado. Assim, rasgar era fazer desaparecer o documento, pelo menos por alguns longos minutos.

– Vamos falar com o governador! – propõe alguém, a gritos. Em tropel, saímos todos à procura de Brizola.

– 5 –

Tanto foi a gritaria que Jango Goulart – informado de que seu manifesto fora "vetado" na Rádio da Legalidade –, saiu da ala residencial e, espavorido, topou-se conosco no meio do saguão do Palácio. (A discussão defronte aos microfones tinha durado alguns minutos, tempo suficiente para que o vice-presidente fosse avisado da "rebelião".)[40] Eu estava na primeira linha dos trinta ou quarenta do grupo e, enquanto ele me estendia a mão, levantei a voz e disse, como num brado:

– Atenção! Atenção, colegas! O presidente sem emenda parlamentarista João Goulart nos quer dar algumas palavras aqui.

– Não – atalhou Jango, afável, voz branda – eu vim dar um abraço em vocês, apresentar minhas desculpas, pois recém agora consegui uma linha (telefônica) para Brasília. Eu quero pedir desculpas, pois hoje à tarde foi impraticável falar com Brasília...

Retomei a palavra e continuei a frase inacabada:

– Este pensamento (manter a Constituição presidencialista) é o da maioria, é o pensamento do pessoal que esteve aqui quando nos ameaçavam. Estamos ainda emocionados com estes acontecimentos.

Jango aproveitou a brevíssima pausa e passou a nos elogiar:

– Vocês sempre estiveram na primeira trincheira, numa demonstração extraordinária de civismo, defendendo as instituições, arriscando-se com o sacrifício da própria vida e eu compreendo, reconheço e proclamo esta posição heroica que o Rio Grande assumiu.

Era evidente que tentava acalmar a turba enfurecida. Mas Tarso de Castro, na impetuosidade dos vinte anos, extravasou as desconfianças e ansiedades do grupo e insistiu em que se definisse "sem dar ouvido a grupos que, há muito tempo, têm opinião definida sobre o senhor e sobre a Legalidade". Jango pediu "compreensão à gravidade do momento e à responsabilidade

---

40. O fotógrafo Carlos Contursi (figura próxima ao governador, mas sempre propenso a servir de mediador) correu para avisar.

tremenda" que pesava sobre seus ombros, elogiou Brizola e Machado Lopes e frisou ter necessidade de "ponderar e meditar com dados e elementos" que tentava obter de Brasília.

Todos insistiam tanto que Jango deve ter pensado que, com aquele ímpeto, o grupo devia estar cheio de comunistas ou afins e passou a frisar que voltava de uma viagem a países onde havia "aprendido muito", em alusão à União Soviética e à China. Disse que estávamos tirando ilações e indagou onde estava escrito que concordava com o parlamentarismo. Tirei do bolso a cópia rasgada do manifesto e li em voz alta: "...*eu me submeto à lei, para que o povo não seja escravo do arbítrio*".

– Isto é definição clara a favor do parlamentarismo que o Congresso está votando! – gritam os dois mais moços do grupo.[41]

– Vocês estão querendo penetrar em meu pensamento! – retruca. (Em verdade, tínhamos penetrado em seu pensamento!) A discussão torna-se candente e Jango toma das minhas mãos o documento rasgado, o amassa e diz:

– Bem, se dá esta impressão, fica anulado. Este documento não vale. Vou redigir outro!

Gritos e aplausos. Passavam das 23h do sábado e o jornalista Tito Tajes atalha em protesto:

– Mas e eu, como é que fico? Sou do *Correio do Povo* e mandei o documento para o jornal, que já está rodando a edição de domingo. Vou ser desmoralizado. Assim não pode ser!

A intervenção nos desnorteia. O jornal está a seis quarteirões do Palácio, mas não vai parar suas máquinas. Jango inventa uma solução:

– Quem quiser, publique este, mas o outro é que vai valer!

De imediato, voltou à ala residencial do Palácio, de onde não havia saído desde o retorno ao Brasil. Jango não redigiu outro documento e seu manifesto nunca foi lido na Cadeia da Legalidade.

---

41. Tarso de Castro e Norberto Silveira, de vinte e dezenove anos. A juventude caracterizava o novo jornalismo da época. Júlio César Dreyer Pacheco, de dezessete anos, repórter da Rádio Gaúcha, gravou a discussão com Jango, reproduzida em parte no livro *Reportagem da Legalidade:* 1961-1991, de Norberto Silveira. Porto Alegre: NS Comunicação, 1991.

– 6 –

Não éramos apenas nós que protestávamos e exigíamos de Jango uma definição clara a favor da Legalidade, sem rasuras nem remendos. Já na tarde daquele dia 2, antes de nós, portanto, o general Oromar Osório tinha enviado um ansioso radiograma urgente ao comandante do III Exército:

> Considerando emenda parlamentar modificação Carta Magna, momento recente investidura Presidente Constitucional, rogo lealmente ao chefe e amigo recusar esse novo golpe, a fim evitar desencanto nossos comandados, assegurando respeito absoluto Constituição vigente.

Ao qualificar a emenda parlamentarista de "golpe", o radiograma urgente 545 do comandante da 1ª Divisão de Cavalaria ia muito além daquilo que nós, jornalistas, interpretávamos como "manobra". O grosso das tropas do general Oromar havia chegado um dia antes, pela ferrovia, a Marcelino Ramos, na divisa do Rio Grande do Sul com Santa Catarina. Ali acamparam para descansar e reabastecer-se de mantimentos, pois, logo, deviam ir adiante, rumo a São Paulo. A vanguarda já havia chegado a Ponta Grossa, no Paraná, e se preparava para concentrar-se em Ourinhos e, dali, saltar a território paulista. A sua palavra, portanto, tinha o peso da manifestação de um comandante em plena operação, mas ele próprio – mesmo longe de Porto Alegre – também começava a desconfiar, como nós.

Na tarde do dia anterior, 1º de setembro, Oromar Osório recebera um radiograma do comandante do III Exército, cujo conteúdo o levou a indagar-se sobre o que estaria sucedendo. Após o encontro de Jango e Tancredo em Montevidéu, e ao saber que o Congresso votaria uma emenda constitucional para implantar o parlamentarismo, o general Machado Lopes expediu um radiograma ao comandante da 1ª Divisão de Cavalaria:

> Há fortes indícios solução pacífica crise atual com posse J Goulart. Todas medidas militares estão pleno desenvolvimento atender qualquer solução.

Na visão de Oromar, comandante da mais poderosa e melhor preparada das *grandes unidades* do III Exército, essa linguagem – "todas medidas militares em desenvolvimento para atender qualquer solução" – só podia significar que, mesmo sem confronto armado, o único aceitável era a posse do vice-presidente tal qual mandava a Constituição, sem alterações.

Outro, no entanto, era o pensamento do general Machado Lopes. Às 2h50 da madrugada do dia 3 de setembro, o comandante do III Exército respondeu, de Porto Alegre, ao apelo do general Oromar:

> Resposta radiograma 545, espero seu patriotismo não criar dificuldade solução pacífica desde que esteja assegurada posse de J Goulart. Lembre-se sua promessa. Não se deixe envolver por políticos. III Exército coeso em torno essa ideia com aprovação presidente J Goulart.

A frase "não se deixe envolver por políticos" era alusão direta ao governador, que desde o início da crise estivera em contato direto com Oromar e que, nas últimas horas, combatia "o remendo do parlamentarismo" pela Cadeia da Legalidade. Mais do que tudo, porém, o radiograma revelava aquilo que João Goulart escondia do público: o vice-presidente aprovava a emenda parlamentarista, que lhe suprimiria poderes e atribuições ao assumir a presidência da República. (Ele tinha concordado com a ideia ainda em Paris, num telefonema ao jurista e ministro do Exterior, Afonso Arinos, mas a ocultou tão bem dos mais próximos, como Brizola, que só os mais distantes ficaram sabendo.)

– 7 –

Desconhecíamos o telefonema e não sabíamos do radiograma de Machado Lopes, mas o estilo reticente de Jango Goulart já definia a situação. Brizola trancou-se com ele no quarto de hóspedes da ala residencial e, em linguagem de tiroteio, limitou-se a avisar: "Vou queimar todos os cartuchos!". Ao longo da noite, madrugada afora, de boca em boca correu a notícia de que Jango se curvara a Brasília. Pelo Palácio, nos abraçávamos uns aos outros, entre o pranto e a raiva, em condolências mútuas. O chefe da Casa Civil do governo rio-grandense, Ney

Britto, um cinquentão de quase dois metros de altura, abraçou-se a mim e ao quase adolescente Norberto Silveira e choramos os três, em lágrimas, revólveres à cintura.

– Isto é capitulação! –, exclamou ele, membro do conservador PSD, mas que, naqueles dias, fora como um ousado guerrilheiro.

Da praça, ressoam gritos e, logo, um cadenciado coral de protestos: "Co-var-de, co-var-de, co-var-de!". Pelo menos duas mil pessoas estão ali, em voluntária vigília noturna. Muitas moças ou até mulheres idosas; a maioria homens, boa parte gente do interior, de bota, bombacha e lenço ao pescoço. Em dois ou três pequenos tachos, cozinham pinhão para aguentar o frio da madrugada, mas já nem se importam com isso: agora, gritam desaforos contra Jango, como se tivessem ensaiado uma cantoria de diatribes e palavrões.

De súbito, a praça escura está em chamas. Um fogo ali, outro acolá, outro mais adiante. A praça arde, não se ilumina. As faixas com o nome de Jango são queimadas, e se extinguem de uma a uma.

Pela manhã, os jornais noticiam a aprovação da emenda parlamentarista pelo Congresso em Brasília, em votação urgente. A edição gaúcha de *Última Hora* estampa na primeira página uma manchete garrafal: "Legalidade foi traída". Um segundo clichê do jornal, com a mesma manchete, traz a fotografia das faixas ardendo. Nenhum texto ou legenda, só o título e a foto. Era o suficiente.

Capítulo XVII

A REVOADA A BRASÍLIA

– 1 –

A emenda constitucional instituindo o parlamentarismo foi finalmente aprovada, em Brasília, pela Câmara dos Deputados na madrugada de sábado, em primeira discussão, por 234 votos contra 59. Na segunda votação, de ratificação, ao início da manhã, o resultado foi quase igual: 233 a 55. À noite, foi aprovada pelo Senado, por 47 votos a 5 e, em segunda discussão, por 48 a 6. No domingo, 3 de setembro, em sessão conjunta, foi promulgada pelo presidente do Congresso, senador Auro Moura Andrade.[42]

Modificar a Constituição é atribuição exclusiva do Poder Legislativo, mas faltava ainda a aprovação final e definitiva do "poder militar". Contrários a "qualquer alternativa" que possibilitasse a posse de Jango, os três ministros militares tinham chamado ao Palácio da Guerra, no Rio, alguns governadores estaduais (menos Brizola e Mauro Borges Teixeira, obviamente) tentando opor-se à decisão do Congresso. "Jango? Nem como presidente decorativo!", diziam. Ao longo de sucessivas reuniões, acataram o argumento dos governadores de São Paulo, Bahia, Minas, Paraná, Pernambuco e Guanabara de que, no parlamentarismo, "o presidente não terá funções executivas". Denys aceitou sem titubear. Grün Moss duvidou e o almirante

---

42. Ironicamente, pela Constituição da época, o vice-presidente da República presidia o Senado (e o Congresso, por extensão), mas Jango costumava delegar essas funções ao paulista Moura Andrade, vice-presidente do Senado.

Sílvio Heck, ministro da Marinha, recalcitrante e radical, berrou: "Não concordo com a posse. Posso até vir a aceitar, mas não concordo!".

Só horas depois da promulgação da emenda, por fim, o "poder fardado" deu o beneplácito. Um radiograma expedido a todas as unidades militares (menos às do III Exército) dava o *nihil obstat* à decisão do Parlamento:

> Os ministros militares recomendam a todos os comandos subordinados integral acatamento à soberana resolução do Congresso Nacional, ao promulgar emenda à Constituição que estabelece o regime parlamentarista.

A "recomendação" mostrava quem, naqueles dias, em verdade tinha a palavra final de mando no Brasil. A decisão do Congresso buscava sobrepor-se ao golpe de Estado e o golpe fora vencido. Mas só com o aval dos "vencidos" a decisão do Poder Legislativo passava a valer ou a ter substrato...

– 2 –

Sim, o golpe fora vencido, mas o grande vencedor, o insurgente da primeira hora, estava tristonho e decepcionado. Ao meio-dia de domingo, 3 de setembro, pouco antes de o Congresso promulgar a emenda parlamentarista, Leonel Brizola reuniu os jornalistas. Abatido, com fundas olheiras no rosto insone, barba por fazer, mas teso e de pé, foi direto:

– Esta decepcionante decisão do Congresso é uma capitulação. O parlamentarismo foi aprovado sob estado de sítio de fato. Tentei falar com o Rio, há pouco, e de lá (as telefonistas) informaram que minhas ligações estavam proibidas pela censura. Condeno a decisão do Congresso, pois esta reforma espúria, inoportuna e amoral alterou as atribuições específicas do presidente constitucional. Tão espúria que nem ao menos se condicionou a mudança do regime a um referendum popular, como se faz em toda a parte, na França e no Uruguai, por exemplo.

Frisou que iria empenhar-se, "e exigir", que o povo decidisse sobre o novo regime, "num referendum" a ser convocado o mais breve possível. Poupou João Goulart de qualquer crítica, mesmo marcando as diferenças: "Segundo ele próprio me declarou, irá tomar suas decisões em Brasília. Esclareço que não lhe ofereci espontaneamente minha colaboração neste assunto porque me considero em uma posição muito radical, coerente com a linha que me tracei".

Um jornalista do Rio, em tom de chacota, indagou se isto significava que João Goulart "não quis encampar a causa do governador" e a maioria protestou pela "pergunta idiota", mas Brizola respondeu:

– Não se pode falar em "encampar a causa", porque era a causa dele próprio, era o que ele representa: sua investidura dentro da legalidade. A emenda parlamentarista não contou com sua aprovação prévia, foi decisão do Congresso. Eu fiz todos os esforços para o Congresso sobrestar a decisão. Apelei pelo rádio. Mas as maiorias foram surdas aos nossos apelos.

Brizola e Jango tinham discutido acerbamente quase toda a madrugada, ao pé da cama, a sós, sem testemunhas. Mas, em público, o governador o absolvia ou, pelo menos, o eximia de culpa. E, para não o acusar nem denunciá-lo, até mentia, ao dizer que, apenas em Brasília, Jango "irá decidir". Há muito, a decisão estava tomada. Antes mesmo de chegar a Porto Alegre.

– 3 –

Se Jango estava de acordo, por que Brizola e todos nós éramos contra? Implantado naquelas circunstâncias, o parlamentarismo significava mutilar os poderes do presidente da República. Mas, se o mutilado aceitava, por que continuávamos inflexíveis? A razão fundamental era uma só: Jango dizia "sim" sem nada explicar ou justificar àqueles que, armas na mão e sob ameaças de bombas, haviam anulado, de fato, a ordem de que ele fosse preso ao voltar ao Brasil.

E Jango dizia "sim", porque, com ou sem parlamentarismo, ele é que seria presidente da República e enfrentaria os problemas que, há tempos, já eram muitos e que, agora, se acumulavam mais ainda. Sua tática consistia em abrandar os adversários, não em conquistar os adeptos ou simpatizantes. A campanha da Legalidade havia se expandido pelo país e derrotado o golpe de Estado, mas a formalidade legal tinha acabado por dobrá-la ao parlamentarismo. Não era a vitória dos vencidos, pois o golpe, em si, fora derrotado e isto era o essencial. Mas o grande vitorioso do Sul acabava vencido na vitória.

– 4 –

Em Porto Alegre, à noite, Jango reúne-se (em segredo) na ala residencial do Palácio com o banqueiro Walter Moreira Salles, vindo de São Paulo, às pressas, num pequeno bimotor, a chamado do vice-presidente. O próprio Brizola me escorrega a notícia, sob compromisso de nada publicar:

– Olha só com quem o Jango começa a dialogar! –, comenta ao secretário João Caruso, na minha frente. Não sabíamos que, em Cingapura (na madrugada em que Jango e a comitiva brindaram "ao imprevisível" com *champagne* francês), seu amigo João Etchevérry tinha sugerido "pensar desde já no ministério" e, até, apontou nomes.

– Não pense em dar a Fazenda à nossa área. O ministro deve ser um conservador, que não levante suspeitas nos Estados Unidos e seja, também, um patriota, que não entregue ou venda o Brasil! –, disse-lhe Etchevérry, um dos diretores da *Última Hora* do Rio de Janeiro, braço direito de Samuel Wainer e homem de esquerda desde a mocidade. E quando Jango lhe indagou "quem seria o homem?", a resposta foi direta:

– Walter Moreira Salles, foi embaixador em Washington, mas não é um entreguista![43]

Jango já escolhia ministros, mesmo com parlamentarismo e ainda sem ter um primeiro-ministro chefe do governo. Ou já tinha primeiro-ministro desde a reunião com Tancredo em Montevidéu?

---

43. Do livro do autor, *O dia em que Getúlio matou Allende*, Rio de Janeiro: Record, 2004, cap. VI, "Jango Goulart – O salto".

– 5 –

O país "está em paz e tudo normalizado", proclama-se no Congresso. A viagem de Jango a Brasília é marcada para a tarde de 4 de setembro, segunda-feira, e a posse para o dia seguinte. No aeroporto, um quadrimotor *Constellation* da Panair, fretado pelo Congresso, prepara-se para levar ao Sul uma comitiva de deputados e senadores que, de lá, acompanharão o vice-presidente à nova capital.

Nessa manhã da segunda-feira, no Rio, o jovem estudante Paulo Roberto Baeta Neves vai à sede nacional do Partido Trabalhista, no Edifício São Borja, na Avenida Rio Branco, e lá encontra, à porta, dois sargentos da Aeronáutica, que procuram "desesperadamente" seu pai, o deputado Baeta Neves, presidente do partido. Ansiosos, já que "o assunto é grave e urgente", os sargentos Jessé e Carvalhaes revelam ao desconhecido mocinho de 23 anos algo que vai mudar o rumo de tudo e mostrar que a direita-militar continua em guerra e, agora, ainda mais perigosamente:

Dizendo-se convencidos de que a posse do vice-presidente (mesmo com parlamentarismo) "implantará no país o terror do comunismo russo", oficiais direitistas da Base Aérea do Galeão, no Rio, e das bases de Brasília e Cumbicas, em São Paulo, preparam a *Operação Boneco*, um minucioso plano para interceptar o avião que conduza João Goulart a Brasília e obrigá-lo a retornar ao ponto de partida, "ou, se necessário, abatê-lo no ar, caso tente qualquer manobra". O plano operacional está pronto e deverá ser executado por seis caças *Gloster Meteor*, a jato – três a decolarem do Galeão e outros três de Cumbicas, em direção à rota Sul. Os oficiais de Brasília terão, apenas, funções de apoio às duas outras bases, que controlam o sudeste e o sul do país.

Os sargentos da Base Aérea do Galeão, no Rio (entre eles Jessé e Carvalhaes), descobriram o plano ao receber ordens de armar e preparar os jatos.

– 6 –

Como impedir que o delírio demente se concretize?
Antes ainda de avisar ao pai, o jovem Paulo Baeta sugere denunciar tudo pela imprensa. Horas depois, a edição vespertina da *Última Hora* carioca publica os planos da "*Operação Mosquito*", destinada a interceptar ou metralhar e abater o avião que conduza Jango a Brasília. A censura à imprensa tinha se abrandado no Rio e o jornal pôde contar o que sabia.

Operação Mosquito? Mas os sargentos não tinham dito que se chamava *Operação Boneco*? E que "o boneco" era João Goulart?

Para evitar que os oficiais direitistas identificassem de onde vinha a denúncia e punissem seus autores, os pontos não essenciais do plano foram modificados, entre eles a denominação. Na falta de algo mais adequado, o estudante e os dois sargentos improvisaram um nome ao acaso: *Operação Mosquito*.

Quando a denúncia ecoou pelo país inteiro com os detalhes da operação, não havia como desmentir: só a denominação era incorreta. Mas somente os conspiradores sabiam disso e nem isto pôde ser desmentido. E para sempre ficou *Operação Mosquito*, em vez de *Operação Boneco*...[44]

– 7 –

A ideia da *Operação Boneco* fora iniciativa de um grupo de fanáticos oficiais de extrema-direita, mas o ministro da Aeronáutica, brigadeiro Grün Moss, não era alheio aos planos. Encontrava-se no Rio e, ao saber dos preparativos, não tentou travá-los. Limitou-se, "por motivos de segurança", a mandar proibir o voo que decolaria de Brasília conduzindo parlamentares ao encontro de João Goulart no Sul. Afinal, o móvel e alvo da operação era Jango, não os senadores e deputados...

---

44. Reminiscências do advogado Paulo R. Baeta Neves ao autor, em 1998, em Brasília.

A REVOADA A BRASÍLIA

Ao chegar ao aeroporto de Brasília para despedir-se dos parlamentares, o senador Auro Moura Andrade soube da proibição e entendeu que "as garantias" dadas pelos ministros militares eram inócuas ou inteiramente falsas. Sentindo-se desautorizado e humilhado, o senador (que presidia o Congresso) pressionou o presidente interino, Ranieri Mazzilli, que telefonou a Grün Moss, no Rio, e dele ouviu uma reles desculpa: oficiais "inconformados" estão dispostos "a praticar operações que importam em risco grave para os transportes aéreos" e, por isto, mandara proibir o voo![45]

É evidente que Grün Moss disse a Mazzilli muito mais do que isto, até porque o voo proibido era apenas um dos problemas, e não o mais grave. A existência de "inconformados" (como os chamava o ministro) mostrava que a tão temida "guerra civil" estava em pleno andamento, ainda que sorrateiramente. E, pior ainda, fora desencadeada no exato momento em que tudo parecia resolvido, quando os próprios ministros militares haviam "concordado" com a decisão do Congresso. O ponto de partida de tudo – o veto à posse de Jango e a ordem de prendê-lo ao regressar ao Brasil – fora gerado pelos três ministros militares e, portanto, só eles poderiam resolver o impasse. No mesmo dia, o marechal Denys, o almirante Heck e o brigadeiro Moss foram "convidados" a ir para Brasília. Denys atendeu ao convite, em nome dos três. O general Ernesto Geisel, comandante militar da capital e chefe da Casa Militar do presidente interino, sentia-se "desautorizado" e o pressionou para resolver a situação.

O ministro da Guerra (o primeiro a deflagrar a guerra) assinou, então, uma "declaração pública" em nome das Forças Armadas garantindo "apoio integral" a Mazzilli, ao Congresso e à emenda parlamentarista: "Em consequência, as Forças Armadas asseguram as garantias necessárias ao desembarque nesta capital, nesta data, do presidente João Goulart, a sua permanência em Brasília e a sua investidura na Presidência da República", concluía a declaração.

---

45. Do livro de Auro Moura Andrade, *Um Congresso contra o arbítrio*: diários e memórias, 1961-1967. Rio de Janeiro: Nova Fronteira, 1985.

– 8 –

Jango queria estar em Brasília na segunda-feira, 4 de setembro, mas transferiu a viagem para o dia seguinte, por precaução. As informações da capital, porém, eram cada vez mais confusas e a desorientação imperava em Porto Alegre naquela terça-feira 5 de setembro. Até no clima. A chuva caía forte, logo amainava e passava a chuvisco nervoso, para voltar a crescer como chuvarada grossa. O tempo instável funcionava como metáfora. Brizola e Jango tinham se distanciado politicamente, já não sorriam ao estarem juntos. Continuavam, porém, a cumprir cabalmente seus deveres um com o outro, como aqueles noivos que, à porta da igreja – ela de véu e grinalda, ele de flor à lapela – descobrem que não se entendem e recuam do altar, mas seguem velhos amigos porque cada qual sabe mais do outro do que de si mesmo.

O governador controla a máquina do Estado, tem experiência em agir e prepara a viagem, em detalhes, junto a Ruben Berta. O jato *Caravelle* PP-VJD está pronto desde cedo, e às 10h30 da manhã, eu chego ao antigo aeroporto de São João, agora sede da engenharia e meteorologia da Varig. Sou um dos três jornalistas do voo (programado inicialmente para as 7 horas, logo adiado à espera do "sim" de Brasília) e "seu" Berta, presidente da companhia, anota meu nome na lista e diz, sem me olhar:

– Entrega o revólver ao comandante e retira em Brasília!

Pouco depois, chega Jango, acompanhado de Brizola e Machado Lopes, e começamos a subir ao avião pela escadinha da cauda, no meio dos dois reatores.

Nesse jato, tão francês, esguio e belo como uma modelo de Dior, sobe-se por trás, não pela lateral, como nos outros aviões. E isso também soa a metáfora, pois o passageiro principal – que entrará ao Palácio do Planalto pela porta da frente – não aparece. Sabíamos que ele seria o último a entrar, mas não entra. Ao lado do governador, do general e de Berta, João Goulart está no serviço de rádio da Varig, em comunicação com Brasília. Tudo é confuso por lá, "não há garantias concretas para o pouso" e a viagem é adiada de novo. Ao meio-dia, Jango, Brizola e Machado Lopes saem do aeródromo, de volta ao Palácio Piratini.

Retorno à casa da minha mãe, distante do aeroporto. Quase sem dormir há várias noites, almoço rápido e me deito no sofá. Exausto, durmo profundamente.

– 9 –

Acordo-me sob os puxões da minha mãe, avisando-me que Jango Goulart se dirige ao aeroporto. Não temos telefone. A norte-americana International Telephone and Telegraph não expande os serviços há anos e a telefonia da cidade é péssima, mas ela soube pelo rádio. A tática da Cadeia da Legalidade, agora, é fazer tudo às claras para que Brasília assegure as garantias à viagem e entendo, assim, que o ambiente mudou na capital.

Saio em correria, literalmente, e às 17h30 chego ao aeródromo de São João: o *Caravelle* já está na pista de rolamento e segundos depois, de longe, eu o vejo alçar a crista e levantar voo em direção a Brasília. E com ele, na cabine do comandante Lauro Rabello, meu revólver *Taurus*, calibre 38, recebido no Palácio na tarde ansiosa em que eu quebrei a janela oval, viaja pelos ares, desacompanhado.

Defronte ao hangar, na pista encharcada, de chapéu e capa de chuva azul marinho, Brizola concentra o olhar no avião, com um sorriso inquieto e tristonho, como se indagasse. Os olhos vermelhos, esbugalhados pelas noites sem dormir, mantiveram-se acesos nas últimas horas com café, chimarrão e comprimidos de pervitin[46] e nem parecem os de um vitorioso. Ele deu o primeiro e mais forte grito de rebeldia e derrotou o golpe, mas não sabe o que ocorrerá com a vitória daqui para diante.

O triunfo foi parar nas mãos de Jango Goulart. E, aos 39 anos de idade, os olhos de Leonel de Moura Brizola indagam sobre o que ocorrerá nos tempos que aí virão. Mais do que qual-

---

[46]. Vendido em farmácias, o estimulante pervitin era usado como antissonífero por trabalhadores noturnos ou estudantes em serões prévios a exames.

quer um, ele ajudou a construir esse futuro próximo que agora está no ar, longe de suas mãos, tal qual este avião que levantou voo e ruma a Brasília.

– 10 –

Carrancudo, Ruben Berta me repreende por ter perdido o voo e avisa que vai me "castigar": terei de viajar no velho *Curtiss Commander* C-46 que, dentro de uma hora, levará jornalistas e demais assistentes à posse. O bimotor a hélice é lento e vamos chegar em Brasília após às 23h.

Jango tinha chegado por volta das 20h30 no *Caravelle* quase vazio. No voo, esboçou o discurso de posse que o professor de Direito Constitucional Ajadil de Lemos (sentado a seu lado) redigiu mais tarde, nessa mesma noite, a seu pedido. (Depois, entregou o texto ao advogado Evandro Lins e Silva, que o acompanhara na viagem à China, para "polir, podar partes e agregar outras".)

O recebimento em Brasília foi austero e tenso, mas também caloroso. O provisório Mazzilli, o senador Auro Moura Andrade e Sérgio Magalhães (vice-presidente da Câmara dos Deputados) o receberam ainda na pista, em nome do governo e do Congresso. Ao lado deles, além do presidente do Supremo Tribunal, Barros Barreto, lá estava a figura principal no cenário: o general Ernesto Geisel, comandante do Exército na capital, chefe da Casa Militar do presidente provisório e avalista de tudo aquilo! Fuzileiros navais e soldados da Aeronáutica e do Exército não puderam conter as duzentas pessoas que, literalmente, se atiraram sobre Jango, ainda no trajeto da pista à estação de passageiros.

– 11 –

A presença do general Geisel anulava, por si só, a ordem de "prender Jango em qualquer aeroporto" e mostrava que o golpe fora abortado ou se transformara em natimorto. Disso ele era avalista, mas não do fim das escaramuças dos "inconformados".

A viagem de Jango fora adiada de 4 para 5 de setembro não só pela "insegurança" em Brasília, mas também porque os poucos golpistas na área do III Exército continuavam a golpear. Naquela manhã, a ponte que liga Florianópolis a Laguna, na altura da localidade de Sete Pontes, foi dinamitada por ordem do comandante do 14º Batalhão de Caçadores, coronel Silvio Pinto da Luz, um dissidente do III Exército, que obedecia ao 5º Distrito Naval, à Marinha, cujo porta-aviões estava ao largo da costa catarinense.

O próprio *Caravelle* voou a Brasília como se estivesse em missão de guerra, para não se expor, sequer, a ser observado por algum eventual caça da Força Aérea. Na rota não havia radar de solo e o radar dos caças não detectava aviões a grandes altitudes. Assim, a interceptação teria que ser visual. Em "defesa preventiva", o comandante Rabello e o 1º Oficial Áttila Duarte utilizaram as únicas armas de que dispunham: apagaram a iluminação externa e interna, proibiram fumar (na época, fumava-se nos aviões) e voaram a 39 mil pés (12 mil metros). Só nas imediações da capital, após receber garantias de pouso, o PP-VJD embicou, perdeu altura e começou a planar, algo que o *Caravelle* fazia como se fosse um pássaro.[47]

– 12 –

Desde a chegada de Jango a Porto Alegre, o III Exército (por ordem de Machado Lopes) tinha começado a paralisar o deslocamento de tropas ao longo de Santa Catarina e Paraná. Os bem preparados soldados do general Oromar Osório estacionaram, em sua grande maioria, na cidade gaúcha de Marcelino Ramos, na divisa com Santa Catarina, sem unir-se à vanguarda que havia alcançado Ponta Grossa, no Paraná, "com a intenção de entrar em São Paulo no menor tempo possível por Itararé e Ourinhos", como previa textualmente o planejamento de operações.

---

47. O *Caravelle* "era um avião muito silencioso em voo de cruzeiro, capaz de descer em planeio ao longo de algumas centenas de milhas com os motores reduzidos, tornando quase impossível sua localização", explicou-me agora, cinquenta anos depois, o comandante Vitor Hugo Stepansky, da antiga Varig.

No entanto, um minúsculo mas ativo grupo de extrema-direita, dissidente do III Exército, seguiu em guerra, mesmo após o aval do general Geisel à pacificação.

A 6 de setembro, um dia antes da posse, quando Jango ainda nem tinha escolhido formalmente o primeiro-ministro, o direitista general José Pinheiro de Ulhoa Cintra atiçava a guerra no oeste paranaense. Minava pontes e obstruía estradas, entre elas a nova BR-2 em Foz do Iguaçu, decidido a abrir fogo contra seus próprios camaradas de armas, que classificava de "comunistas do III Exército".

Às 16h desse dia, Machado Lopes é surpreendido, em Porto Alegre, por um radiograma do general Benjamin Galhardo, comandante da 5ª Região Militar, com sede em Curitiba:

> Informo V.Excia. que general Cintra, comandante tropa oponente, BR-2 Nova, mandou capitão Arquimedes Fizocano, 4º Regimento Infantaria, convocar destacamento Iguaçu para parlamentar. Comandante destacamento não foi. Intermédio capitão Fizocano soube-se general Cintra doutrina, intensivamente, seus comandados fim convencê-los III Exército é comunista, que posse presidente ultrapassada, porém terá que ser resolvido problema gravíssimo revolução comunista do III Exército. General Cintra não abriu tráfego e prossegue minando pontes.

O general Cintra tornava-se mais fiel às denúncias do marechal Denys sobre "o perigo comunista" encarnado por Jango, do que o próprio Denys. Naquele mesmo 6 de setembro em que "prosseguia minando pontes" no Paraná, o ainda ministro da Guerra conversava, em paz, com João Goulart, por cerca de uma hora, na residência do provisório Mazzilli, em Brasília.

– 13 –

Neste clima, mas desconhecendo tudo isto e sabendo muito pouco dos vetos, controvérsias, lutas ou da sacrificada resistência a favor da sua posse, João Belchior Marques Goulart, aos 42 anos de idade, tomou posse como presidente da República dos Estados Unidos do Brasil na tarde de 7 de setembro de 1961, no 139º ano da Independência, 72º do sistema republicano e primeiro dia do parlamentarismo.

No discurso de posse, perante o Congresso, não se referiu expressamente ao Movimento da Legalidade, nem à mobilização popular que, através do rádio, levou seu nome ao país inteiro ou ao exterior. Fez, apenas, breve alusão à "impressionante manifestação de respeito pela Legalidade e pela defesa das liberdades públicas" em que a vontade popular "uniu-se para impedir que a decisão soberana fosse desrespeitada".

Não mencionou o nome de Leonel Brizola, tampouco o do governador de Goiás, Mauro Borges Teixeira, que tinha se levantado em armas, a seu favor, às portas de Brasília. Sublinhou, porém: "Tudo fiz para não marcar com o sangue generoso do povo brasileiro o caminho que me trouxe a Brasília. Sabem os partidos políticos, sabem os parlamentares e sabem todos que, por temperamento, inclino-me mais a unir do que a dividir. Prefiro pacificar a acirrar ódios, prefiro harmonizar a estimular ressentimentos". Nominalmente, referiu-se apenas ao "presidente Ranieri Mazzilli, cujas virtudes cívicas desejo proclamar", o que era uma fantasia com aroma de mentira.

O plenário cheio, as galerias repletas, mas o iniciador de tudo aquilo estava ausente. Brizola não indicou qualquer nome para o ministério nem foi à posse em Brasília. Permaneceu no Rio Grande do Sul e, naquele dia, visitou o túmulo de Getúlio Vargas, em São Borja, na fronteira com a Argentina. Na hora da posse, comia um churrasco com duas centenas de gaúchos de bota e bombacha, gente humilde do campo, peões de estância, que homenageavam "o comandante da Legalidade" que havia derrotado o golpe de Estado.

Capítulo XVIII

Jânio
A esfinge revelada

– 1 –

Nada do que aqui relato teria ocorrido se Jânio Quadros não houvesse renunciado. Nem o golpe nem a resistência que o acabou derrotando. Mas, por que renunciou, num gesto surpreendente e inesperado, antes ainda de completar sete meses de governo, quando tudo lhe era permitido e nem as excentricidades abalavam seu prestígio?

Jânio era como um caleidoscópio, tudo nele era mutante, como se houvesse sido gerado e parido pelo imponderável – escrevi em livro anterior. E isso, em verdade, explica tudo. Sua personalidade (hoje ele seria visto como um ciclotímico ou bipolar) é o único mecanismo que leva a entender a renúncia. Seu *ego* interior, sua mitomania quase mágica, arrebatadora por um lado e ridícula por outro, pesou muito mais do que qualquer fato político concreto.

Como presidente, fazia o que queria e como queria. Governava com a direita, tinha o apoio integral dos três ministros militares e do setor mais conservador e americanófilo dos partidos e das Forças Armadas, mas punha em prática uma política externa independente, que alarmava os Estados Unidos. E namorava a esquerda, tentando amainá-la como oposição e integrá-la ao seu seio. Dias antes da renúncia, por exemplo, escandalizou seus adeptos e seguidores: insistiu com Ernesto *Che* Guevara para vir a Brasília e o condecorou com a grã-cruz do Cruzeiro do Sul, a maior distinção que o Brasil outorga a personalidades estrangeiras.

Suas desavenças com Carlos Lacerda, governador da Guanabara e principal guia civil da direita liberal (e um dos arautos da sua candidatura à presidência), eram superficiais, sem condições de constituir-se em ingrediente da renúncia. Mais do que tudo, eram problemas de verbas e financiamentos. E nem sequer para o Estado da Guanabara, mas para evitar a bancarrota financeira da *Tribuna da Imprensa*, jornal do próprio Lacerda.

Nada de gravidade extrema ocorreu naquele agosto de 1961 que não pudesse ser contornado pelo diálogo, pela negociação ou pelo entendimento. Muito menos que forçasse a decisão abrupta de renunciar, sendo o presidente imperial que era ele.

– 2 –

Mas, além de governar mandando aos ministros bilhetinhos manuscritos ou ordens por telex (que ele mesmo datilografava), Jânio sonhava em ser além do que era. Em seu gabinete no Palácio do Planalto, numa conversa com Samuel Wainer, apontou para o busto de Abraham Lincoln (que lá havia mandado colocar) e, entre a farsa e a confissão, sentenciou:

– Pergunto-me, às vezes, se não me está reservado o destino de Lincoln!

Sonhava em ser como Getúlio Vargas e ele mesmo o disse, três dias após a renúncia, ao embarcar no porto de Santos para viajar a Londres num luxuoso camarote de um navio cargueiro da companhia norte-americana *Blue Star*:

– Fui obrigado a renunciar, mas, tal como Getúlio, voltarei um dia, se Deus quiser, para revelar ao povo quem foram os traidores da pátria!

Isso de ter sido "obrigado a renunciar" também era um sonho. Ou uma deslavada mentira da qual, talvez, ele próprio se houvesse convencido. Sim, pois Jânio era um ator fantástico (como quase todos os políticos de êxito), mas tão fantástico que representava para si mesmo a ilusão do que sonhava ser. Ou a fantasia que seu cérebro engendrava.

O que era ter o destino de Lincoln ou ser como Getúlio? Ser assassinado por um fanático? Suicidar-se para não se entregar aos fanáticos que queriam vê-lo deposto? Enfim, ser mártir, como ambos o foram, de certa forma? Talvez nem o próprio Jânio soubesse. De fato, ele queria ser além do que era, ou mais do que era, só isto, mas sem nada fazer para ter o rosto que quisera ter.

Sua vida e ascensão política fora fácil e rápida como a passagem de um meteoro. Elegeu-se vereador na eleição dos anos 1950 em que o rinoceronte Cacareco, do zoológico da cidade, foi o mais votado para a Câmara Municipal de São Paulo. Dali, saltou a prefeito da cidade pregando a moralidade pública e derrotando os "grandes partidos" como candidato dos pequenos PDC e PSB. Depois, varreu o corrupto *adhemarismo* da cena e foi eleito governador estadual de São Paulo.[48] Jânio não tinha partidos, mas tinha a vassoura, seu símbolo de luta contra a corrupção, ainda incipiente (não nos níveis catastróficos atuais), mas já ativa.

Ao fim do mandato de governador paulista, foi eleito deputado federal pelo Paraná, na legenda do antigo PTB, o Partido Trabalhista, de Getúlio Vargas. E, dezessete meses depois, foi candidato a presidente da República pela UDN, a União Democrática Nacional, cuja bandeira de luta era o antigetulismo.

– 3 –

Os mais ferrenhos antigetulistas (com Carlos Lacerda à crista) o fizeram candidato a presidente, mas numa rápida viagem, ao Rio Grande do Sul, em campanha eleitoral, quando um jornalista indagou quando voltaria, ele frisou:

– Volto para homenagear Getúlio Vargas em seu túmulo em São Borja, só para isto.

---

48. Alusão ao populista de direita Adhemar de Barros, várias vezes governador paulista, que se jactava do lema eleitoral "ele rouba, mas faz". PDC e PSB significam Partido Democrata Cristão e Partido Socialista Brasileiro, respectivamente.

Rodeado unicamente por antigetulistas, Jânio provocou arrepios, mas ninguém reclamou, tomando aquilo apenas como tática para angariar votos. Mas já era o estilo janista de não se importar com a realidade de quem estava a seu lado e de só fantasiar o futuro e ver-se ou sentir-se num amanhã construído na imaginação. Ou inventado.

– 4 –

Jânio falava de um jeito aparentemente formal, com frases em mesóclises ("dir-vos-ei" ou "fá-lo-ei), mas sem afetação, normalmente e por hábito, fosse o interlocutor um analfabeto ou um intelectual – era o que lhe restara dos tempos de professor de Língua Portuguesa. Sua pronúncia do século XVIII (com cada letra dita no som exato em que aparece escrito) acentuava o linguajar de Mato Grosso, onde nasceu, e do Paraná, onde se criou. Falava e escrevia formalmente, também.

No "pedido de renúncia", porém, dispensou toda formalidade e não mandou redigir sequer um ofício ao Congresso Nacional, em papel tamanho usual e datilografado. Num bloquinho de anotações da Presidência da República, formato pequeno, desses utilizados para rascunho, escreveu, de próprio punho, apenas 24 palavras, além do endereçamento "Ao Congresso Nacional" e da assinatura e data.

Ele renunciou usando o mesmo papel e no mesmo estilo informal dos bilhetinhos manuscritos que enviava a ministros e presidentes de empresas estatais com ordens a serem cumpridas à risca. Enganou-se, porém, com o derradeiro bilhetinho. O que ele pensava ser um "pedido de renúncia" – como assim se diz até hoje –, de fato foi visto como uma simples "comunicação".

A renúncia é um ato pessoal de vontade, que independe de qualquer deliberação ou votação – e esse foi o entendimento do Congresso. Mas o ministro da Justiça, Oscar Pedroso Horta, talvez ofuscado pela fantasia de Jânio, não percebeu este detalhe ao entregar, pessoalmente, o bilhetinho manuscrito ao Congresso. Esperava, tal qual o presidente renunciante, que o "pedido de renúncia" fosse debatido e votado, implicando em longa discussão, que só começaria três dias depois, pois aquele 25 de agosto de 1961 era uma sexta-feira e os parlamentares começavam a sair da capital.

O Congresso, porém, limitou-se a "tomar conhecimento" da decisão do presidente da República. O bilhetinho manuscrito era um "ato declaratório" da vontade pessoal e unilateral do presidente, cabendo ao Congresso, portanto, apenas dele tomar conhecimento. E, depois, convocar o substituto, na ordem estabelecida pela Constituição. E assim foi feito.

Desde o instante da renúncia, a cena política encheu-se de especulações e análises sobre os motivos e razões da renúncia. Pressões internas? "Fui vencido pela reação e assim deixo o governo", dizia a frase inicial da "carta ao povo brasileiro", deixada com o ministro da Justiça. Mas, quem o pressionara? Os ministros militares foram os primeiros a saberem da renúncia e, literalmente, choraram na frente do próprio Jânio, implorando-lhe que continuasse no poder. "Conte-nos se lhe falta algum apoio e nós o ajudaremos!", disse-lhe o marechal Denys.

A especulação ou interpretação mais corrente desde então, e que atravessou os anos como "conclusão estapafúrdia", indicava que Jânio pretendera algo *sui generis*: um "golpe branco" para, após renunciar, ser reconduzido com poderes amplos, tipo "ditador constitucional". A interpretação, porém, em si mesma era absurda, pois ele não fez nenhum trabalho de preparação no Congresso (onde não dispunha de maioria), nem nos partidos, nos sindicatos, nas escolas ou universidades, na imprensa e em lugar algum. Nem mesmo nas Forças Armadas, onde a ideia de "um presidente imperial" poderia encontrar adeptos e onde ele se mobilizava como peixe em mar aberto. Assim, contraditoriamente, a única hipótese plausível era tão absurda em si mesmo na interpretação dos jornalistas políticos e dos historiadores que foi sempre descartada.

Nos anos pós-renúncia, já na presidência de João Goulart, como colunista político em Brasília da rede de jornais da *Última Hora*, tentei investigar "os motivos" profundos do gesto de Jânio, sem encontrar pistas concretas. Um de seus íntimos homens de confiança, José Aparecido de Oliveira, que fora "secretário particular" do presidente da República, jamais me deu razões coerentes, mesmo sendo meu velho amigo. Anos mais tarde, nas várias vezes em que voltei a indagar, concluí que – no fundo – ele também conjeturava e que, nem ele nem o ministro Pedroso Horta jamais tinham podido penetrar no *ego* verdadeiro de Jânio da Silva Quadros.

– 5 –

O próprio Jânio esquivou-se, sempre, a dar explicações ou até se enfurecia quando lhe perguntavam sobre o seu gesto. Comportava-se como naqueles casamentos desfeitos em acordo mútuo, mas nos quais nenhum dos cônjuges sabe explicar as razões da separação e se irritam ao serem interrogados. Em 1980, dezenove anos após a renúncia, levado por José Aparecido, eu o visitei em Guarujá, no litoral paulista. Cordial e expansivo, durante mais de três horas ele monopolizou o whisky e a palavra, falando sem parar de Napoleão e Churchill, verbos e conjunções, José Bonifácio, metais e metaloides, Getúlio e *Che* Guevara, moeda e câmbio, sem dar pretexto a que eu tocasse na renúncia. Usou o termo em determinado momento, em alusão a renunciar aos prazeres da vida, e eu aproveitei a fresta e indaguei sobre a renúncia à presidência da República:

– Ahh, a renúncia, a renúncia! –, sentenciou lentamente, num suspiro fundo. Retorceu o rosto, numa careta, fez uma longa pausa e aguçou ainda mais meu silêncio de expectativa. Molhou os lábios num trago de whisky e soltou uma frase, iniciada e concluída em quatro palavras:

– Existem situações na vida...

Nova pausa, como se estivesse ordenando os detalhes para revelar tudo e vomitar o passado. Em seguida, porém, com a maior naturalidade, voltou a falar das experiências de José Bonifácio em metalurgia e numa sucessão infindável de outros temas. Entendi aí que a genialidade extravagante e desordenada do ciclotímico o tinha feito líder político imbatível em 1960: todos ficavam sempre à espera do que iria dizer.

A renúncia inesperada ficou atravancada na História, num desafio sem explicações. E todos passaram a repetir o que dizia a autenticidade simples do povo na rua: aquilo foi coisa da cabeça de cachaceiro!

– 6 –

Além do conhecido poder oculto da cachaça, porém, essa simplificação nada explicava. A 16 de fevereiro de 1992, aos 75 anos de idade, Jânio Quadros morreu em São Paulo e, com ele, parecia enterrado o segredo da renúncia.

Quatro anos depois, no entanto, em 1996, seu neto (também de nome Jânio, filho de Tutu, como ele chamava a filha única, Dirce), revelou o segredo contado pelo avô. Numa confissão íntima, daquelas que só o amor avoengo é capaz de narrar sem medo ou inibição e sem rasuras para a História, Jânio revelou o que pretendia e o que buscava ao renunciar. E o que pretendia e buscava era exatamente o que afirmavam as conjecturas absurdas e estapafúrdias – um golpe branco, em que o povo, os militares e os governadores não aceitariam a renúncia, implorariam que continuasse e o levariam de volta ao poder.

Num leito de enfermo no Hospital Albert Einstein, em São Paulo, já sem poder andar, mas lúcido e falante, no dia 25 de agosto de 1991, no trigésimo aniversário da renúncia, Jânio admitiu que aquilo "foi o maior erro que cometi, o maior fracasso político da História republicana".

E revelou o que tinha calado até então. Pausadamente, contou ao neto:

"Quando assumi a presidência, eu não sabia da verdadeira situação político-econômica do país. A minha renúncia era para ter sido uma articulação – nunca imaginei que seria de fato aceita e executada. Renunciei à minha candidatura à Presidência, em 1960. A renúncia não foi aceita. Voltei com mais fôlego e força. Meu ato de 25 de agosto de 1961 foi uma estratégia política que não deu certo, uma tentativa de governabilidade. Também foi o maior fracasso político da história republicana do país, o maior erro que cometi".

Jânio admitia ou confessava "o erro", mas ao mesmo tempo se defendia:

"Tudo foi muito bem planejado e organizado. Eu mandei João Goulart em missão oficial à China, ao lugar mais longe possível. Assim, ele não estaria no Brasil para assumir ou fazer articulações políticas. Jango era, na época, completamente inaceitável para a elite. Achei ser impossível que ele assumisse, porque todos iriam implorar para que eu ficasse".

Para mostrar que não tinha cometido um gesto impensado e ao acaso, cotejou datas e explicou, numa referência à "carta aos brasileiros", deixada com Pedroso Horta:

"Escrevi a carta da renúncia no dia 19 de agosto e a entreguei ao ministro da Justiça, Oscar Pedroso Horta, no dia 22. Eu acreditava que não haveria ninguém para assumir a presidência. Pensei que os militares, os governadores e, principalmente, o povo, nunca aceitariam a minha renúncia e exigiriam que eu ficasse no poder".

Ao dar detalhes do seu ato, detalhou suas fantasias, e prosseguiu:

"Renunciei no Dia do Soldado, 25 de agosto, porque quis sensibilizar os militares e conseguir o apoio das Forças Armadas. Era para ter criado um certo clima político. Imaginei que, em primeiro lugar, o povo iria às ruas, seguido pelos militares. Os dois me chamariam de volta."

Noutra minúcia, além do apego à formalidade do poder, mostrou que confiava em voltar:

"Fiquei com a faixa presidencial até o dia 26. Achei que voltaria de Santos para Brasília na glória!".

E concluiu, numa confissão:

"Ao renunciar, pedi um voto de confiança à minha permanência no poder. Isso é feito frequentemente pelos primeiros-ministros na Inglaterra. Fui reprovado. O país pagou um preço muito alto. Deu tudo errado".

O depoimento-confissão ocupa sete páginas do livro organizado por Jânio Quadros Neto e Eduardo Botelho Gualazzi, com transcrições de notas e entrevistas publicadas na imprensa sobre o poderoso e efêmero presidente de apenas sete meses. Lançado em 1995 por uma pequena editora de São Paulo, o livro não teve maior repercussão na imprensa nem apareceu nas livrarias, limitando-se a uma única edição. Assim, a revelação do fato mais intrincado da política brasileira na última metade do século XX transformou-se num outro paradoxo, como a própria vida e ação de Jânio da Silva Quadros.[49]

– 7 –

Afinal, seria ele um ator louco que representava para si mesmo? Ou, traído pela mitomania, acreditou que o sonho de poder viraria realidade numa mágica? Em qualquer caso, faltou a Jânio o que sobrou a Brizola: audácia e capacidade de mobilizar o povo. Mas em Jânio, a criatividade estava na fantasia do que seria real, não na realidade em si.

O Jânio enigmático e indecifrável pode ter sido a versão brasileira, em carne e osso, da esfinge esculpida na rocha montanhosa em Gizé, com corpo de leão e cabeça humana. Como ela, ele oscilou sempre de um extremo a outro, sem que soubéssemos se era um monstro ou o seu contrário, um deus.

Ou se era, apenas, a fantasia que ele construiu da esfinge e aplicou a si próprio.

---

49. *Jânio Quadros:* Memorial à História do Brasil, livro organizado por Jânio Quadros Neto e Eduardo Lobo Botelho Gualazzi, São Paulo: Riedel, 1995.

Capítulo XIX

Brizola
O espelho refletido

– 1 –

Leonel de Moura Brizola tinha 39 anos de idade e governava o Rio Grande do Sul desde janeiro de 1959, quando se levantou em armas contra o golpe de Estado, em agosto de 1961. Era "um jovem governador", mas não um neófito ou um noviço na administração e na política. Aos 25 anos, recém-formado em engenharia, elegeu-se deputado estadual pelo Partido Trabalhista, o antigo PTB; depois foi deputado federal, secretário de Obras Públicas do governo estadual e prefeito de Porto Alegre. Reurbanizou a cidade e expandiu a rede de ensino e isso atuou como catapulta para levá-lo – como candidato de oposição – ao governo do Estado que, na época, tinha fama de ser "o mais politizado do Brasil".

– Ao assumir o governo, em verdade, eu não sabia nada da política profunda e real, nem de quem mandava na política. Achava que tudo era o que se via nas urnas ou nos diretórios dos partidos! –, confessou-me, em 1965, numa das vezes em que o visitei no exílio, no Uruguai, após o golpe de Estado de 1964.

Como se gestou, então, o homem decidido e impetuoso – visionário, maduro e lúcido para alguns; radical, infantil e aventureiro para outros –, sempre observador, que em agosto de 1961, lá de longe, no Sul do Brasil, anteviu o golpe de Estado e acabou por derrotá-lo?

– 2 –

A 31 de janeiro de 1959 Brizola assumiu o governo gaúcho, decidido a cumprir uma das promessas da campanha eleitoral: dotar seu estado de 1 milhão de kW de eletricidade, pondo fim à estagnação agroindustrial que "transformava o Sul num novo Nordeste". A decisão irá mudar sua vida, ampliar horizontes e fechar muitas das portas pelas que entrava e saía, livremente, até então.

A concessionária dos serviços de eletricidade, uma filial da Bond and Share (dependente, por sua vez, da American Foreign and Power), produzia apenas 18% e abocanhava os lucros pela distribuição dos restantes 82%, gerados nas hidrelétricas estatais. E só se dispunha a fazer novos investimentos se o governo liberasse as tarifas e lhe renovasse por mais 35 anos (prorrogáveis automaticamente) a concessão prestes a concluir.

Com apenas 103 dias de governo, a 13 de maio de 1959, um decreto de Brizola "encampou os serviços de eletricidade" pelo valor do acervo constante nos balanços da empresa. Para o pagamento, no entanto, descontou do valor declarado os lucros ilegais enviados ao estrangeiro, além de terrenos, fiação de redes e postes doados por prefeituras, comunidades do interior ou pelo Estado, indenizações trabalhistas, casas de lazer para os diretores, multas ou impostos atrasados, e a depreciação do velho e obsoleto equipamento. Ou seja, descontou o que não era investimento real e concreto. Com o novo cálculo, a Bond and Share passava a devedora do Estado!

Assim, o governo estadual depositou, em juízo, a quantia de um cruzeiro (padrão monetário da época), em "pagamento simbólico" pela aquisição do acervo e pediu a "emissão de posse", concedida pelo juiz da Fazenda Pública.

Um ato ousado, mas "juridicamente perfeito", salientavam até mesmo os juristas mais conservadores, adversários políticos do governador. E com o simbolismo de libertação, assinado no 73º aniversário da abolição da escravatura.

– 3 –

Daí em diante, Brizola passa a conhecer quem manda na política. O presidente dos Estados Unidos, Dwight Eisenhower, reclama e, no Brasil, o presidente Juscelino Kubitschek repassa a reclamação num telefonema a Brizola e "pede explicações pelo ato intempestivo". Em Washington, o Congresso aprova a emenda do senador Bourke Hickenlooper à lei de investimento e ajuda externa dos Estados Unidos, proibindo todo tipo de auxílio, empréstimos ou quaisquer outras formas de investimento a governos que expropriem empresas norte-americanas "sem correta e adequada compensação". Dirigida contra o Estado do Rio Grande do Sul, a "emenda Hickenlooper" vai se transformar, nos meses e anos seguintes, no mecanismo usado pelos Estados Unidos para consolidar suas grandes empresas, mundo afora, e constranger ou punir governos nacionalistas na Ásia, África, Oriente Médio e América Latina – a começar por Cuba e o Chile de Salvador Allende.

– Com a encampação da Bond and Share, descobri o imperialismo –, dizia Brizola.

Convalidada pela Justiça, a encampação fora um ato administrativo normal, gerado pela necessidade de evitar o estrangulamento econômico do Estado e dentro das atribuições do governador. A Bond and Share explorava com negligência um serviço público, sem nada reinvestir e só buscando lucros. A encampação destinava-se a evitar o declínio de uma porção do território brasileiro, que se acentuava perigosamente, mas em Washington era tratada como um assunto interno dos Estados Unidos. E, como tal, vista como "um confisco".

– 4 –

Eram tempos de Guerra Fria e Brizola estava, também, impregnado das desconfianças e preconceitos com relação ao comunismo. O PCB era ilegal e clandestino, mas tinha influência e eleitores, e o apoiou como candidato a governador, mesmo que ele "rejeitasse e repelisse" a adesão, publicamente. A direita clerical e conservadora tinha ainda mais eleitores, e Brizola temia "perder, mais do que ganhar votos". Além disso, tinha feito aliança com os integralistas de Plínio Salgado (nacionalistas de direita, com caudal de votos similar ao do PCB) e não se animava a reunir os antípodas sob o mesmo teto.

Brizola desconfiava da cúpula do PCB, mas não discriminava os antigos comunistas, como era habitual na política. Alguns deles (mesmo afastados do partido) o rodeavam no Palácio em postos-chaves no GAP, o Gabinete de Administração e Planejamento, dínamo do seu governo.[50]

No inverno de 1960, Luiz Carlos Prestes (recém-saído da clandestinidade) fez palestras públicas pelo Rio Grande do Sul e, por ordem do governador, a Polícia Civil e a Brigada Militar se mobilizaram em torno do dirigente comunista. Mas não para prendê-lo, como de costume e, sim, para protegê-lo. Em Caxias do Sul e Porto Alegre, centenas de adolescentes, entre doze e quinze anos, alunos de colégios católicos, foram cuidadosamente organizados para apedrejá-lo ou lançar-lhe ovos podres e a polícia teve de dispersá-los com disparos ao ar. Na capital, para amenizar o tumulto, Prestes saiu do local da palestra (um cinema de bairro) num carro da polícia – ao lado do motorista, para não pensarem que estava sendo preso. O PCB usou o episódio para pedir um encontro de Prestes com o governador, que, no entanto, evitou recebê-lo.

Ele sabia que qualquer aproximação pública com os comunistas era capaz de "queimá-lo" junto à preconceituosa classe média ascendente, mas se afastava – mais do que tudo – para ter autonomia. E não só frente ao PCB, que atuava em área próxima e, às vezes, com posições similares, mas, até, dentro do trabalhismo.

Sua linguagem havia mudado após a encampação da Bond and Share e das represálias dos Estados Unidos, mas ele

---

50. O diretor do GAP, o urbanista Leovegildo Paiva, professor da Faculdade de Arquitetura, na juventude tinha integrado o PCB, tal qual o economista Cibilis da Rocha Viana e Paulo Schilling, coordenador do setor agrário.

seguia no velho estilo tortuoso da política, buscando conquistar posições dentro do seu partido, alijando quem lhe fizesse sombra. Pouco a pouco, no Rio Grande do Sul, desfez-se da "concorrência" interna dos três principais líderes – José Diogo Brochado da Rocha, Loureiro da Silva e Fernando Ferrari –, sempre com a conivência e o "sim" de João Goulart.

Seu cunhado era uma espécie de "cúmplice" ou, nisso, um estava acumpliciado ao outro. Brizola "dava o rosto", fazia tudo às claras, com o apoio de Jango, que pouco aparecia e, desde 1952, passava mais tempo no Rio de Janeiro do que no Sul. Brizola estava ainda dedicado a vencer as intrigas e futricas da política, mas o que aprendia "na carne", como governador, pouco a pouco começava a lhe abrir novos caminhos.

– 5 –

Mais do que tudo, ele foi sempre um atento observador, que aprendia com a prática "ou de ouvido", como dizia. Lia pouco, infimamente (como quase todos os políticos), ainda que disfarçasse essa carência numa frase que repetiu ao longo da vida: "Leio pouco, mas leio bem". Rápido em resolver situações, raciocinava matematicamente, como numa equação, deduzindo conclusões a partir do que ouvia, do que lhe diziam ou do que ele próprio via. O método dedutivo foi seu alimento intelectual e ideológico e, no aprendizado, era aberto e dúctil. Mas, também, foi sempre um empedernido "cabeça-dura": depois de adotar alguma ideia, ou convencer-se dela, dificilmente a abandonava, mesmo vencido pelos fatos.

No golpe de Estado de agosto de 1961, porém, ele triunfou sobre os fatos, com um discernimento e capacidade de decisão que nunca tivera até ali e que nunca mais conseguiu praticar. Tentou exercitá-la, de novo, em 1º de abril de 1964, e outra vez foi decidido e ágil, disposto a tudo, a resistir e a vencer, mas estava apenas copiando o ato original de dois anos e sete meses antes.

O que o levou, porém, em 1961, a ser tão decidido, tão impetuoso, tão onipresente em tudo, tão convencido a seguir adiante e não recuar? Ter nas mãos a máquina governamental explica que ele tinha um instrumento à disposição, nada mais. Não localiza, porém, o ponto de partida da decisão. Seu governo (sabotado administrativamente durante a gestão do presidente Juscelino Kubitschek) sofria os abalos do déficit crescente e o Tesouro estadual pagava com atraso os fornecedores e o funcionalismo, até mesmo as professoras.

O comportamento humano e a vida se desenvolvem, porém, como numa sucessão de espelhos, em que nos vemos refletidos naquilo que vivemos e observamos. E, por isto, me pergunto hoje se a ousadia de Brizola teria brotado tão espontaneamente como brotou se, vinte dias antes, ele não tivesse conhecido Ernesto *Che* Guevara e observado seu exemplo e até seus ímpetos.

Teria sido o homem veemente e arrebatado que foi?

– 6 –

Presenciei os dois encontros de Brizola com *Che* Guevara, em Punta del Este, nos início de agosto de 1961, ao longo da Conferência Econômico-Social da OEA, que formalizou a Aliança para o Progresso. Guevara era ministro de Economia e presidente do Banco Nacional de Cuba e chefiava a delegação desse país à reunião. Brizola era conselheiro-especial da delegação do Brasil, designado pelo presidente Jânio Quadros como contrapeso ou contraponto ao banqueiro Clemente Mariani, ministro da Fazenda e chefe da missão. Eu era o enviado especial do jornal *Última Hora* à reunião e acompanhei em minúcias os passos de Guevara e de Brizola. Os do *Che*, pelo fascínio, que começava pelo olhar, passava pela palavra e concluía no seu exemplo pessoal. Os de Brizola, por ser o único na conferência com quem eu tinha relações.

Os dois conheceram-se a 6 de agosto de 1961, um domingo, quando o presidente do Uruguai, Eduardo Victor Haedo, ofereceu em *La Azotea*, sua residência em Punta del Este, um churrasco íntimo ao chefe da delegação de Cuba. Além de dois ministros uruguaios, o governador do Rio Grande do Sul era o único convidado. Ali mesmo, nos jardins, em longas conversas que duraram quase duas horas, começou o fascínio, que se estendeu também sobre os poucos jornalistas presentes, eu entre eles. *El Che* era o centro de tudo – das atenções, da roda de chimarrão e da conversação. Afetuoso e irônico, Haedo perguntou mais do que todos. Brizola fumou muito e indagou pouco, inibido pelo idioma ou deslumbrado pelo guerrilheiro de boina e uniforme verde oliva, que contava das dificuldades e peripécias de *Sierra Maestra* como se, pacientemente, narrasse um conto de fadas aos netos.

No grupo, Guevara era o mais moço, e Brizola deve ter-se impressionado até com sua juventude. (O governador gaúcho nascera em janeiro de 1922, o guerrilheiro-ministro em junho de 1928.) Dois dias depois, no plenário da conferência, Guevara fez um discurso tranquilo e bombástico, ao mesmo tempo, mostrando como os Estados Unidos submetiam Cuba a um assédio constante, que principiava no estrangulamento da economia e chegava à agressão armada. Quatro meses antes, tinha fracassado a invasão a Cuba, preparada, armada e financiada pela CIA norte-americana.

Brizola foi o único da delegação brasileira a elogiar o discurso. Dois dias depois, segredou-me que abandonaria a conferência, "em desacordo com o chefe da delegação, que descumpre as ordens do presidente Jânio de apoiar Cuba". Queria despedir-se "unicamente de Guevara" e, como não o encontrou no recinto da reunião, pediu-me que eu o localizasse. Em plena crise de asma, *Che* Guevara repousava em seu hotel, mas foi ao encontro de Brizola. Os dois conversaram a sós durante vinte minutos, de pé, numa salinha envidraçada – primeiro Brizola falou longamente, logo o Che, mais longo ainda. Deram-se as mãos e se abraçaram à saída, na minha frente, enquanto Guevara voltava à reunião.

Silencioso, como se ruminasse sobre o que tinha ouvido, Brizola disse-me apenas:

– Isto aqui não é uma reunião dos povos das Américas. É uma conferência das oligarquias!
A frase tinha a roupagem e moldura do pensamento de Guevara e só podia vir dele.

– 7 –

Ernesto *Che* Guevara não lhe disse uma só palavra sobre revolução ou rebelião, nem Brizola lhe perguntou sobre como se desafia o poder ou os poderosos. Duas semanas mais tarde, na renúncia de Jânio, no entanto, quando o golpe de Estado já se havia consumado no triângulo Brasília-Rio-São Paulo, a audácia de Brizola – persistente, sem jamais arrefecer – surpreendeu até mesmo os que o acompanhavam há dezenas de anos.

Se não houvesse conhecido *el Che* e observado seu exemplo ou até seus ímpetos, o jovem governador de 39 anos teria tido a audácia de desafiar a hierarquia militar?

Até onde *el Che* funcionou como espelho? Até onde sua imagem e exemplo se refletiram na ousadia de Brizola? Naquele final de agosto de 1961, até onde Ernesto *Che* Guevara esteve no Palácio Piratini, falando dos porões pela rádio, dando ordens, pondo a metralhadora a tiracolo, mesmo sem jamais ter estado lá?

– 8 –

Duas vezes, em Porto Alegre, vi os olhos de Leonel Brizola brilharem numa mistura de inibição, surpresa e encantamento.
Primeiro, no quarto dia da rebelião da Legalidade, quando eu lhe dei a ler um longo despacho, em espanhol, da Agência France Presse (AFP), com um discurso de Fidel Castro em apoio ao movimento: "Continue a luta. Vá para as montanhas, governador, não se exponha nas cidades", dizia Fidel, ignorando e desconhecendo totalmente o cenário da luta e do Brasil. Mas, na época, Fidel era todo um símbolo do desafio à prepotência

da política dos Estados Unidos e podia até equivocar-se sobre a geografia. E brilhou mais ainda a mirada de Brizola quando eu lhe disse que o jornal não publicaria a informação, para "evitar explorações políticas".

Três semanas após a posse de Jango, vi outra vez o mesmo brilho: no aeroporto da capital gaúcha, o comandante de um *Boeing* da Varig, ao voltar dos Estados Unidos, mostrou-lhe a foto de um restaurante de Nova York, com um "novo e sensacional prato" surgido naqueles dias.

– *Steak Brizola* –, dizia a placa, dando o preço e explicando o que era: um suculento filé com três ovos!

Inibido, surpreso e encantado, Brizola pediu para guardar a fotografia, que olhou com o mesmo jeito enfeitiçado com que observava *Che* Guevara. A reunião de Punta del Este parecia estar ali, outra vez, refletida num espelho invisível.

Capítulo XX

Jango
A paranoia orquestrada

– 1 –

Desde sempre, João Goulart foi um conciliador. Ainda em Cingapura, na madrugada em que soube que era presidente da República, começou a negociar, pondo em prática seu estilo político – harmonizar e ceder, antes que exigir. A presidência da República caía-lhe nas mãos como uma perigosa surpresa, no exato momento em que se dispunha, apenas, a ser um discreto vice, limitado a presidir as sessões do Senado, como mandava a Constituição, na época.

Agora, não era como antes. Em 1955, como vice-presidente, havia tido 600 mil votos a mais do que Juscelino Kubitschek, presidente e companheiro de chapa. Na eleição de 1960, porém, Jânio Quadros obteve 1 milhão e 100 mil votos a mais do que ele, e se elegeu presidente suplantando Lott, que era seu candidato presidencial. Naquele tempo, votava-se de forma separada e o vice não era um mudo acompanhante, como hoje. Jango fora reeleito, mas tinha consciência de que obtivera apenas 36% dos sufrágios, não os 48% de Jânio Quadros.

Na vida ou na política, ele conciliou sempre. "Por temperamento e por aprendizagem", dizia. Filho de um tropeiro do campo que se fez fazendeiro milionário negociando boiadas, aprendeu as artimanhas da política com um mestre astuto – o vizinho de fazenda em São Borja, na fronteira do Rio Grande do Sul com a Argentina. Dos 27 aos 30 anos, Jango com ele conviveu dia e noite, e foi seu confidente mais próximo, ou único.

Getúlio Dornelles Vargas fora deposto do poder no final de 1945 e isolou-se nas profundezas do torrão natal, onde ninguém o procurava. Só "o rapazote" de 27 anos (recém-formado em Direito, mas desinteressado dos tribunais) interessou-se pelo cotidiano desse homem que fora alternadamente brando e duro nos quinze anos de poder e cuja sagacidade consistia em armar estratagemas para conquistar os adversários. Ou anulá-los.

– 2 –

Quando Getúlio voltou ao poder, Jango foi ministro do Trabalho, num breve reinado (1952-1953) em que aprendeu a conciliar greves de trabalhadores, especialmente no eixo Rio-São Paulo. Nos cinco anos do governo de Juscelino Kubitschek, o Partido Trabalhista (que ele dirigia) detinha o ministério do Trabalho e Jango esteve, sempre, ao lado do ministro sugerindo como ajeitar e resolver.

Mas, ao chegar a Porto Alegre nesse 1961, encontra um ambiente febril e irreconhecível. O seu Estado natal é outro, também o Brasil inteiro – seja de que lado for. Mais do que disputa, existe um pleito com armas, tanques, aviões, navios, muitos presos, civis de revólveres à mostra nas ruas. E, mais do que tudo, as vozes do rádio no ar, conclamando a resistir. E no polo oposto, o veto persistente da cúpula militar à sua posse na Presidência.

O seu íntimo conciliador multiplicou-se com tudo isto. Na capital gaúcha, passou três dias enfurnado na ala residencial do Palácio, em negociações. Jamais viu e sentiu a rua. Ao chegar, esteve apenas alguns minutos na sacada, como naquelas aparições milagrosas de Virgens e Santos – só para mostrar que estava ali. E como só se concilia com o adversário, nunca com quem está conosco, assim, Jango fez a concessão maior daquele momento – aceitar o parlamentarismo.

Até então, além de cunhados, ele e Brizola haviam sido companheiros e cúmplices em política. Paradoxalmente, o Movimento da Legalidade – surgido para assegurar-lhe a Presidência da República – começa a separá-los. De agora em diante, seriam cunhados, quase que apenas isto.

– 3 –

A não ser um pequeno grupo de áulicos e aduladores do poder, todos os participantes – diretos ou indiretos – do Movimento da Legalidade criticaram a "capitulação de Jango" frente ao parlamentarismo. Vencida a guerra, derrotado o golpe, a comemoração do triunfo fora entregue ao adversário – era a impressão dominante no Sul do Brasil.

Só muito tempo depois, quando conheci as entranhas do poder e as pressões que nele desembocam como rios ou esgoto, fui entender o sentido profundo da conciliação daqueles dias de 1961. Por coerência, o Movimento da Legalidade rejeitava qualquer arranhão, queria sobrepor-se e vencer, pois apenas pretendia aplicar a Lei. Mas o golpe dos três ministros militares tinha fragmentado profundamente o país, aberto feridas, e Jango se dispunha a reunir os cacos e estilhaços, colando-os com paciência num governo de coalizão e cicatrizando as chagas mesmo com a perda de seus poderes presidenciais.

Percebi, então, que Jango Goulart – ao recuar – dava um passo à nossa frente naqueles dias em que, aparentemente, retrocedia ao aceitar o arreglo, o "casamento arranjado" com o parlamentarismo. Não era só o fantasma (ou a fantasia) da "guerra civil" que apavorava. O país estava dividido. O golpe fora derrotado eticamente, rejeitado pela opinião pública. Mas as forças que apoiavam a Legalidade (escrito com inicial maiúscula, pois se transformara em algo próprio) eram heterogêneas, tanto na área civil como militar. O governador Brizola e o general Oromar Osório queriam seguir adiante, chegar a Brasília, mostrar que as armas podiam garantir a Lei. Em termos militares, possivelmente o conseguiriam. Não pretendiam dizimar ninguém. Apenas queriam ser a escolha do presidente da República.

– 4 –

Mas, e depois? Alimentados pela "Guerra Fria", os preconceitos da época estimulavam a crescente divisão do país. O fantasma do "anticomunismo" criava o medo perante qualquer iniciativa de reforma social ou econômica, paralisando a própria sociedade. A chamada correlação de forças no mundo e no país – a disputa surda entre "direita" e "esquerda" – gerava a desconfiança sobre qualquer ato político mais ousado.

A escolha do primeiro-ministro e a composição do ministério parlamentarista são exemplos disso. Para chefe do governo, Jango escolheu o moderado Tancredo Neves – que fora a Montevidéu por delegação do Congresso e dos militares – e formou um governo de coalizão. A UDN, União Democrática Nacional, tradicional opositora a Jango e a Tancredo, ficou com dois ministérios fundamentais: Minas e Energia, por um lado, Viação e Obras Públicas por outro. No Ministério da Fazenda, o banqueiro Walter Moreira Salles, ex-embaixador em Washington, não despertava desconfianças em Wall Street. O de Relações Exteriores, San Thiago Dantas, jurista brilhante, era um liberal-centrista. Os ministros militares foram escolhidos entre moderados das Forças Armadas, não entre os generais, almirantes ou brigadeiros nacionalistas ou de esquerda. Leonel Brizola não indicou nenhum ministro. O presidente do Banco do Brasil (com funções do atual Banco Central) era do Sul, mas próximo de Jango, não do governador. O general Oromar Osório continuou no longínquo município de Santiago do Boqueirão, onde sua esposa se queixava da demora das cartas "via aérea", que recebia da família, no Rio de Janeiro.

No Palácio do Planalto, o ponderado João Goulart continuou buscando curar as feridas abertas pela tentativa de golpe, cuidando-se para não estimular atritos. Não sabia, no entanto, que, a 1º de setembro, no aceso da crise, a Embaixada dos Estados Unidos (ainda funcionando no Rio) sugeria pelo telex 625 que a Casa Branca "na atual situação do Brasil, não reitere a tradicional política a favor dos governos constitucionais", pois isto "representaria um apoio a Goulart e suas claras simpatias pelo comunismo". Tampouco Jango sabia que, no dia imediato à posse, o Encarregado de Negócios da Embaixada dos Estados Unidos, pelo telex 713, dizia ao Departamento de Estado que "Goulart tem um passado associado aos comunistas" e sugeria rever os créditos em andamento ou a serem concedidos ao Brasil.

– 5 –

Já nos primeiros dias de governo, Jango e Tancredo mostraram simpatia e adesão aos programas da Aliança para o Progresso, instituída pelo presidente John Kennedy, mas a 27 de setembro de 1961, um longo relatório da CIA (Central Intelligence Agency) fez uma análise aterradora sobre o Brasil. Em três folhas datilografadas em espaço simples, o relatório nº 4064/61, do Office of Current Intelligence, no início assinala o "subject", ou assunto: "*Communist Inroads in the Brazilian Government*", nada menos do que "Invasões Comunistas no Governo Brasileiro".[51]

A CIA aponta a própria Embaixada como fonte e, já no primeiro de oito longos itens, afirma que "o presidente Goulart tem longa história de trabalho com os comunistas, especialmente entre trabalhadores". E pede desculpas, pois "a deficiência de informações sobre nomes e cargos" de comunistas levados ao governo até agora, "só permite uma avaliação incompleta da extensa invasão comunista".

O item 2 é todo um vaticínio do que irá ocorrer dois anos e sete meses depois. (Ou, mais do que vaticínio, soa como planejamento da alegação que viria a ser invocada em 1964.) O escritório da CIA conclui que as nomeações de Goulart para postos governamentais "parecem pesar significativamente em favor dos comunistas", apesar de a Embaixada achar que "ainda é cedo" para conclusões. Mesmo assim, diz que "é difícil excluir totalmente a possibilidade de que se possa estar testemunhando as etapas iniciais de uma tentativa de golpe lento, no qual Goulart, consciente ou não, pavimenta o caminho para uma efetiva infiltração comunista, planejada como prelúdio para uma eventual tomada do poder".

---

51. Documentos do National Security Archives (Nara), The George Washington University, Washington, D.C., EUA, liberados ao público pela CIA e pelo Departamento de Estado em 1984.

Nos itens seguintes, informa que Raul Ryff, "membro do PCB, é secretário particular de Goulart" (de fato era secretário de Imprensa da Presidência) e que Evandro Lins, "que acompanhou Goulart à China comunista, é procurador-geral, com longa história de apoio aos comunistas".

O relatório aponta ainda como "pró-comunista" o novo chefe de Polícia de Brasília, coronel do Exército Carlos Cairoli, em verdade apenas velho amigo de Jango em mesa de bar. O general Oromar Osório é apontado como "o simpatizante comunista de mais alta patente nas Forças Armadas", e por isto – diz a CIA – "foi demitido de um posto-chave pelo presidente Kubitschek, em 1960, numa ação geral que excluiu pró-comunistas e ultranacionalistas de comandos chaves".

O moderado ministro da Guerra e chefe do Exército, general Segadas Viana (indicado ao cargo pelo general Machado Lopes), é descrito pela CIA como "um antigo fascista, agora conhecido como um líder intelectual chave da esquerda". E o primeiro-ministro, Tancredo Neves, "é considerado em Minas Gerais como anticomunista, mas aceitou o apoio comunista na campanha para governador estadual", assinala a CIA.

– 6 –

Quem, no Brasil, a apenas vinte dias da posse de Jango, alimentava a paranoia da CIA? De onde vinha esse delírio informativo? Procedia do setor que assumia, aqui, as posturas político-intelectuais do "mundo bi-polar" do coronel Golbery do Couto e Silva. Naquele setembro de 1961, logo após a posse de Jango, Golbery deixou voluntariamente o serviço ativo do Exército e pediu reforma, para dedicar-se ao IPES, Instituto de Pesquisas Econômico-Sociais, fundado pouco antes com o apoio de grandes empresários e velhos intelectuais de direita.

Em agosto, ele havia redigido o manifesto em que os ministros militares definiram abertamente o golpe como uma ação para impedir "a nefasta penetração comunista". No mês seguinte, assumiu-se como alimentador intelectual do grupo militar derrotado, organizando-se como inimigo camuflado, em busca da desforra.

Com inocente denominação, e aparentando dedicar-se à pesquisa sociológica, o IPES é uma nova sociedade secreta, um corpo fechado. Golbery é o mentor e chefe; o executivo-mor é um ex-delegado de polícia, Rubem Fonseca, exímio redator de textos, que prepara proclamações, "ensaios" e roteiros de filmes em torno do "crescente perigo comunista", para o qual o único remédio é a derrubada de Jango e seu governo. (Vêm daí, sem dúvida, as primeiras ficções de Rubem Fonseca, que mais tarde irá tornar-se conhecido romancista.) A partir da posse de Jango, o IPES prepara, desenvolve e retroalimenta uma diuturna guerra psicológica em torno da "baderna comunista no governo", que só conclui com o golpe militar de 1º de abril de 1964.

– 7 –

Nove meses após a posse (e dois meses após a visita de Jango aos Estados Unidos), em junho de 1962, o embaixador norte-americano Lincoln Gordon sugere ao presidente Kennedy, na Casa Branca, que pense numa "ação concreta" para derrubar João Goulart e lhe faz dois pedidos: 1) a doação de alguns milhões de dólares para o IPES, "esse organismo que temos lá"; 2) a nomeação de "Dick", o coronel Vernon Walters, como adido militar no Brasil, onde tem velhos amigos nas Forças Armadas.[52]

Menos de um mês depois, o coronel Vernon Walters, um homenzarrão de 1,95 m, com português fluente e quase sem sotaque, chega ao Brasil e se instala na Embaixada dos Estados Unidos (ainda no Rio) como seu *"key intellectual leader"* – líder intelectual chave. Logo, vai a Recife, onde o general Humberto Castello Branco comanda o IV Exército. Ambos são velhos amigos dos tempos da Segunda Guerra Mundial, na Itália, quando Walters e Castello serviam como "oficiais de enlace" entre as tropas de seus países.

---

52. Áudio da gravação da conversa de Kennedy e Gordon em 26 de junho de 1962, em "White House's Records", National Security Archives (Nara), The George Washington University, Washington, D.C., EUA.

Ressurge, então, outro derrotado na contenda de 1961: o general José Pinheiro Ulhoa Cintra passa a ser o "contato secreto" entre o Adido Militar dos Estados Unidos e o grupo do general Castello Branco, que não pode aparecer, pois tem posto de comando no Exército. Velho amigo de Walters (também dos tempos da guerra, na Itália), Ulhoa Cintra é o mesmo general dissidente do III Exército que, em 1961, no Paraná, continuava a dinamitar pontes quando Jango já havia chegado a Brasília. O mesmo que conclamava seus camaradas "a resolver o problema gravíssimo da revolução comunista" quando "a posse do presidente estiver ultrapassada".

Conhecido no Exército como "Juca Burro" pela capacidade de empenhar-se e suportar a fundo, como um asno, qualquer tarefa que lhe dessem, José Ulhoa Cintra foi a figura militar chave na articulação da participação dos Estados Unidos no golpe de 1º de abril de 1964.

O recatado Golbery e o afoito Juca Burro desfrutavam de uma espécie de "passaporte" de livre trânsito na área militar. Golbery por ser "o Bruxo", o intelectual e teórico do confronto inevitável entre o "sim" e o "não" – comunismo e anticomunismo. Ulhoa Cintra por ser enteado do marechal Eurico Dutra, ex-ministro da Guerra e ex-presidente, que o criara desde os três anos de idade, ao casar-se com sua mãe viúva.

Alimentados na paranoia da "Guerra Fria", cada qual tomou a derrota do golpe de Estado de 1961 como humilhação a ser vingada. Desde a posse de Jango Goulart, empenharam-se na desforra, como um desforço pessoal de alguém que tivesse sido esbofeteado em público e baixado a cabeça.

Nem a complacência de Jango, sua quase ilimitada capacidade de conciliar e harmonizar, conseguiu evitar que a vitória de 1961 fosse transformada na derrota de 1964. Quando a Frota Naval dos Estados Unidos, com o porta-aviões *Forrestal* à frente, zarpou de Miami, em 31 de março de 1964, em apoio à sedição iniciada em Minas Gerais, Jango Goulart deve ter percebido, pela primeira vez, que a mão estendida em 1961 jamais fora vista pelos adversários.

A paranoia tinha se sobreposto a tudo e se inoculava em todos como uma síndrome geral do horror que, a partir do Brasil, paulatinamente estendeu-se pela América do Sul e ardeu. E nessa fogueira da purificação, as ditaduras surgiram, cresceram e se consolidaram por anos e anos.

Por fim, extinguiram-se, incineradas nas labaredas da própria paranoia. A mobilização popular de 1961, no entanto, tinha se antecipado a tudo isto – tinha se antecipado ao próprio futuro – e derrotado o golpe de Estado. E, mais do que tudo, pela voz. Ou pela audácia da voz de Brizola.

lepmeditores
www.lpm.com.br
o site que conta tudo

IMPRESSÃO:

PALLOTTI
GRÁFICA

Santa Maria - RS | Fone: (55) 3220.4500
www.graficapallotti.com.br